AUSSTRAHLUNG

Ein Buch für mehr Charisma, Anziehungskraft und Attraktivität

Mit diesen Tipps zu mehr Selbstbewusstsein, authentischer Persönlichkeit und Erfolg im Leben

FEEL GOOD

Impressum

1.Auflage

Kontakt: Katharina Stopienska/ Hübenthal 9
37218 Witzenhausen
Covergestaltung: www.fiverr.com
Coverfoto: www.depostiphotos.com
ISBN: 9781792757204

Ausstrahlung

HAFTUNGSSAUSSCHLUSS
DIE INHALTE DIESES BUCHES WURDEN ANHAND VON ANERKANNTEN QUELLEN RECHERCHIERT UND GEPRÜFT. DER AUTOR ÜBERNIMMT DENNOCH KEINERLEI GEWÄHR FÜR DIE AKTUALITÄT, RICH-TIGKEIT UND VOLLSTÄNDIGKEIT DER BE-REITGESTELLTEN INFORMATIONEN. HAFTUNGS-ANSPRÜCHE GEGEN DEN AUTOR, WELCHE SICH AUF SCHÄDEN GESUNDHEITLICHER, MATERIELLER ODER IDEELLER ART BEZIEHEN, DIE DURCH DIE NUTZUNG ODER NICHTNUTZUNG DER DAR-GEBOTENEN INFORMATIONEN BZW. DURCH DIE NUTZUNG FEHLERHAFTER UND UN-VOLLSTÄNDIGER INFOR-MATIONEN VERURSACHT WURDEN, SIND GUNDSÄTZLICH AUSGESCHLOSSEN, SOFERN SEITENS DES AUTORS KEIN NACHWEISLICH VORSÄTZLICHES ODER GROB FAHRLÄSSIGES VERSCHULDEN VORLIEGT. DIESES BUCH IST KEIN ERSATZ FÜR PROFESSIONELLE BERATUNG UND BETREUUNG.

DIESES BUCH VERWEIST AUF INHALTE DRITTER. DER AUTOR ERKLÄRT HIERMIT AUSDRÜCKLICH, DASS ZUM ZEITPUNKT DER LINKSETZUNG KEINE ILLEGALEN INHALTE AUF DEN VERLINKTEN SEITEN ERKENNBAR WAR. AUF DIE VERLINKTEN INHALTE HAT DER AUTOR KEINEN EINFLUSS. DESHALB DISTANZIERT DER AUTOR SICH HIERMIT AUSDRÜCKLICH VON ALLEN INHALTEN ALLER VERLINKTEN SEITEN, DIE NACH DER LINKSETZUNG VERÄNDERT WURDEN. FÜR ILLEGALE, FEHLER-HAFTE ODER UNVOLLSTÄNDIGE INHALTE UND INSBESONDERE FÜR SCHÄDEN, DIE AUS DER NUTZUNG ODER NICHTNUTZUNG SOLCHERART DARGEBOTENER INFOR-MATIONEN ENTSTEHEN, HAFTET ALLEIN DER ANBIETER DER SEITE, AUF WELCHE VERWIESEN WURDE, NICHT ABER DER AUTOR DIESES BUCHES:

Ausstrahlung

Inhalt

1. WAS SIE IN DIESEM BUCH ERWARTET

Sie kennen das Phänomen bestimmt auch! Jemand betritt einen Raum und sofort drehen sich alle Köpfe nach dieser Person um. Die Person versprüht eine unsichtbare Anziehungskraft, welcher sich niemand erwehren kann. Die Person läuft mit einer wahnsinnigen Körperspannung und strahlt Souveränität und Zufriedenheit aus. Man möchte am liebsten in diesen Menschen hereinkriechen und auch so wie er oder sie sein. Kommt man dann mit diesem traumhaften Geschöpf ins Gespräch, so stellt sich schnell heraus, dass diese Person nicht nur sehr gut gekleidet und gepflegt ist, sondern auch im Job super erfolgreich ist, eine harmonische Ehe führt und auch die Kinder prima geraten sind. Neben ihr sieht Ihr Leben klein und unwichtig aus. Sie fragen sich

bestimmt, warum das so ist? Weshalb scheinen manche Menschen alles Gute zu haben und andere nur die schlechten Dinge? Warum werden Dinge wie Charisma, Zielstrebigkeit, Souveränität und Erfolg nicht gerechter auf alle verteilt?
Wenn Sie Antworten auf diese Fragen suchen, lesen Sie dieses Buch! Sie möchten lernen, wie Sie auch solch eine Ausstrahlung bekommen, lesen Sie dieses Buch! Wenn Sie wissen wollen, wo Ihre Stärken liegen und wie Sie diese nutzen, lesen Sie dieses Buch! Sie möchten glücklicher und zufriedener werden, lesen Sie dieses Buch!

In manchen Kapiteln werden Sie Übungen und auch Tests finden. Halten Sie sich an die beschriebenen Punkte und lernen Sie so, mehr über sich und Ihr Leben kennen. Dieses Buch soll Ihnen den Weg in eine neue, aufregende Zeit in Ihrem Leben ebnen und Sie zu der charismatischen Person machen, die Sie schon immer sein wollten. Identifizieren Sie Ausstrahlungsräuber und Energievampire und stellen Sie sich Ihren Ängsten. Misten Sie Ihr inneres Chaos aus und öffnen Sie sich einem neuen Bewusstsein! Dieses Buch soll Ihr

Rettungsanker sein, wenn Sie in Seenot stecken und drohen, unterzugehen. Lesen Sie dieses Buch und lernen Sie Ihre Stärken kennen und eben Sie diese! Fangen Sie an mit dem Leben, welches Sie schon immer führen wollten!

2. WAS IST AUSSTRAHLUNG UND CHARISMA?

„Nicht das Wort gibt dem Charisma seine Bedeutung, sondern das Charisma dem Wort." David Tatuljan

---

Schaut man bei Wikipedia nach Ausstrahlung, so steht dort „u.a.“.: „Ausstrahlung steht für Charisma, Wirkung der Persönlichkeit (umgangssprachlich). Ganz simpel eigentlich! Denken Sie sich nun vielleicht, wenn es so simpel ist, warum ist dann nicht jeder ein George Clooney oder eine Marylin Monroe? Jemand, der mit Charisma strahlt und blendet. Schaut man sich die Werbung an, dann haben eine Menge Dinge Charisma! Dort wird diese Eigenschaft dann auch mal einem Auto, einem Orchester oder vielleicht auch einer Destination zugeschrieben. Ohne

Charisma ist die Werbung fast nicht mehr vorstellbar! Charisma ist ein wenig zu einem Marketinginstrument verkommen. Das ist schade, doch es ist ein Phänomen der Neuzeit. Früher sah das ganz anders aus!

Bereits im Neuen Testament wurde der Begriff „Charisma“ von Paulus niedergeschrieben. In den großen Nachschlagewerken und Enzyklopädien taucht der Begriff erst wieder im Jahre 1902 (in Meyers Konversationslexikon) als eigenständiger Eintrag auf. Dort heißt es: „Griechisch für Gabe, Gnadengeschenk, Geistesgabe, ein paulinischer Begriff.“ Charisma war bis ins erste Viertel des 20. Jahrhunderts ein Begriff, der eher von Eingeweihten und speziellen Menschen benutzt wurde, nicht aber von der breiten Masse.

Vor allem fand der Begriff bei Paulus in seinen Gemeindebriefen Verwendung. Er beschreibt damit besondere Fähigkeiten und Kräfte, welche von Gott gegeben sind. Jedoch finden sich keine Beschreibungen von besonderen Vorzügen, welche dem Menschen gegeben sind. Da ist nichts zu finden von

Souveränität, Attraktivität oder besonderer Sexyness. Hier wird eher der Auftrag, welchen diese Person erhält, in den Mittelpunkt gestellt. So schreibt Paulus: „Jedem wird die Offenbarung des Geistes geschenkt, damit sie anderen nutzt.“

Diese Sicht auf den Begriff Charisma änderte sich lange Zeit nicht. Erst im Jahre 1905 war es dann mit der Exklusivität vorbei: Der Soziologe Max Weber verwendete den Begriff Charisma in seinem Werk „Die protestantische Ethik und der Geist des Kapitalismus.“ In diesem Buch untersuchte er die unterschiedlichen Herrschertypen und bezeichnete eine als charismatischen Herrschaft. Dabei bezeichnet Weber charismatische Menschen (Herrscher) „ eine als außer alltäglich (...) geltende Qualität einer Persönlichkeit (...), um derentwillen sie als mit übernatürlichen und übermenschlichen oder mindestens spezifisch außeralltäglichen, nicht jedem anderen zugänglichen Kräften oder Eigenschaften (begabt) oder als gottgesandt oder als vorbildlich und deshalb als ‘Führer‘ gewertet wird“.

Damit hängt das Charisma nicht länger mit der Gemeinschaft zusammen (jeder hat eine Aufgabe, einen Auftrag, eine Gabe für die Gemeinschaft zu leisten), sondern ist auf eine zentrale Person, einen `Führer` übergegangen. Diese eine Person hat alles, was der Gemeinschaft fehlt. Und die Gemeinschaft erwählt diesen einen charismatischen Führer. Sie blicken zu dieser Person auf, himmeln ihn an. Dieser charismatische Mensch bleibt aber für sich, es ergibt sich ein klares Oben und Unten. Die Massen streben nach diesem oberen Menschen, wollen sich mit ihm vereinigen und sich auch als besonders und einmalig erleben. Das Charisma befreit eine Kraft, welche zuvor gestaut, gehindert war. Sie schafft den Aufstieg aus einer Niederung wieder ans Licht.

Das Geheimnis der Ausstrahlung - wer hat es, wer nicht?

„Alle anziehenden Leute sind immer im Kern verdorben. Darin liegt das Geheimnis ihrer sympathischen Kraft." Oscar Wilde

Charismatische Personen haben alle eines gemeinsam. Sie sind in jeder Situation ruhig und souverän, sie können immer klar denken, behandeln alle Menschen gleich (gut), sie glauben an sich, haben hohe Ansprüche an sich und andere und ruhen in sich und strahlen dies auch aus.

Doch, das ist nur die halbe Wahrheit! Denn, Charisma ist eine Fremdwahrnehmung, keine Eigenschaft. Unser Gegenüber macht sich dieses Bild von uns.

Es gibt 3 unterschiedliche Ausprägungen von menschlichem Sozialverhalten: das Expressive (emotionale), das Kontrollierte und das Sensitive (einfühlsame). So ziemlich genau in der Mitte sind die charismatischen Menschen angesiedelt.

Charisma basiert auf sieben Säulen:

- ✓ **Selbstliebe**
- ✓ **Zufriedenheit**
- ✓ **Selbstbewusstsein**
- ✓ **Zielstrebigkeit**
- ✓ **Energie**
- ✓ **Extrovertiertheit**
- ✓ **Kommunikation**

Die erste Säule verwechseln viele Menschen mit Selbstverliebtheit. In unserer heutigen Zeit sind viele Menschen mit sich und ihrem Leben unzufrieden. Man schaut lieber in Nachbar‘s Garten nach dem Unkraut, als in seinem eigenen. Der Mensch verliert die Fähigkeit, einfach einmal zufrieden zu sein. Charismatische Personen haben diese Fähigkeit jedoch. Sie besitzen einen inneren Frieden und Selbstliebe. Trotz aller Unwägbarkeiten und Nicht-Perfektion liebt sich der charismatische Mensch und strahlt dies auch aus. Doch, hier ist Vorsicht geboten:

Sehr schnell kann das charismatische ins narzisstische umschlagen!

Die Zufriedenheit ist unsere 2. Säule. Da Charismatiker sich selbst mit allen Makeln und Unzulänglichkeiten annehmen und lieben, können Sie dieses Gefühl der Zufriedenheit auch an ihre Umwelt ausstrahlen. Da so eine tiefe innere Zufriedenheit in unserer heutigen Gesellschaft eher wenig zu finden ist, übt der charismatische Mensch diese besondere Anziehungskraft auf seine Umwelt aus. Schließlich wollen wir doch auch so eine tiefe Zufriedenheit erreichen!

Das Selbstbewusstsein ist die 3. Säule, die einen Charismatiker auszeichnet. Gerade weil er sich so annimmt, wie er ist und diese Zufriedenheit ausstrahlt, verfügt der charismatische Mensch auch über ein gesundes Selbstbewusstsein. Er kennt seine Talente und Stärken, weiß aber auch um seine Grenzen und Schwächen. Dadurch kann er ein hohes Maß an Selbstbewusstsein gewinnen und all seine Projekte erfolgreich abschließen.

In unserer Gesellschaft gibt es zunehmend Menschen, welche so vor sich hinleben. Sie haben keine Ziele und keine Aufgabe, es fehlt ihnen die Zielstrebigkeit der 4. Säule. Charismatische Personen hingegen haben immer ganz klare Ziele und Aufgaben und gehen diese zielstrebig an. Sie strahlen Motivation, die Zuversicht, diese Ziele zu erreichen und Vorfreude aus. Dabei verlieren Sie nie die Gelassenheit, die Selbstliebe und die Zufriedenheit. Ganz klar, dass sich Menschen ohne Sinn und Aufgabe im Leben gerne von solchen Persönlichkeiten anstecken und mitreißen lassen.

Die Energie von Säule 5 ist keine körperliche Energie, welche man mit Stärke vergleichen kann. Vielmehr ist hier eine geistige Energie gemeint, welche das Umfeld mitreißt und begeistert. Sie resultiert aus einer hohen Lernbereitschaft, fachlichen und sozialen Kompetenzen, Disziplin, Zufriedenheit, Organisation und Zielstrebigkeit.

Der Charismatiker ist der Inbegriff von Extrovertiertheit (Säule 6). Durch seine Energie und sein gewinnendes, zielstrebiges Wesen steht er automatisch überall sofort im Mittelpunkt. Er weiß, sein Gegenüber zu gewinnen und genießt großes Vertrauen.

Durch seine extrovertierte Art ist es für den Charismatiker sehr leicht, ein Gespräch mit jemandem zu beginnen. Er ist ein wahres Genie auf dem Gebiet der Kommunikation! Doch, er spricht nicht nur sehr gewandt und selbstsicher, der charismatische Mensch hört seinem Gegenüber auch immer sehr genau und aufmerksam zu, ohne geheucheltes Interesse am Anderen, wie etwa der Narzisst.

Charisma und Erfolg

„Ruhm nämlich muss folgen, er darf nicht erstrebt werden." (Plinius der Jüngere)

Man kann davon ausgehen, dass Charisma und Erfolg Hand in Hand gehen. Sieht man sich all die berühmten und einflussreichen Menschen an, dann wird man feststellen, dass alle auch über eine unglaubliche Ausstrahlung verfügen. Menschen mit einer besonderen Ausstrahlung wirken zielstrebiger und erfolgreicher, da sie eine klare Mission haben und diese zielgerichtet verfolgen. Viele charismatische Persönlichkeiten visualisieren sich ihre Erfolge vorab im Kopf. Sie stellen sich die neue Aufgabe vor und sehen vor ihrem inneren Auge, wie Sie die Situation erfolgreich meistern und wie es sich anfühlt, diesen Erfolg für sich zu verbuchen. Durch diese positive Einstellung werden charismatische Menschen auch jede Hürde erfolgreich nehmen. Für sie gibt es kein Scheitern, sie sind auf Erfolg programmiert und dies spürt auch ihr Umfeld und wird dementsprechend positiv mitgerissen.

Charismatische Menschen, welche sehr viel Erfolg im Leben haben und hatten, sind etwa Ghandi, Barrack Obama, Che oder auch Martin Luther King. Leben haben und hatten, sind etwa Ghandi, Barrack Obama, Che oder auch Martin Luther King.

Kann man Charisma lernen?

„Charisma ist im Menschen wie das Brennen beim Feuer, das Leuchten bei der Kerze, das Funkeln bei kostbaren Steinen, Gold und Silber. Es ist etwas Geistiges." (Li Liweng)

Charisma ist, laut Definition, eine von Gott gegebene Gabe. Sie soll die Menschen in den Bann ziehen und den beruflichen Erfolg ermöglichen, vielleicht sogar einen Aufstieg bis an die Spitze der Macht, wer weiß. Was ist nun aber, wenn Sie feststellen, dass Gott Sie wohl bei der Verteilung dieser Gabe übersehen hat? Heißt das dann für Sie, dass Sie immer der unbedeutende Otto Normalverbraucher sein werden, einer, der niemals aus der Masse heraussticht?

Das muss es nicht zwangsläufig für Sie heißen, denn Charisma kann man lernen! Charisma wird zu einem Teil angeboren, zum anderen wird es im Laufe des Lebens gelernt. Unsere Ausstrahlungskraft ist meist nicht dauerhaft da, sie kommt und geht, meist situationsbedingt. Charisma wird uns von unserem Gegenüber zu- oder abgesprochen. Doch, wir alle tragen es in uns. Sicher kann sich jeder von uns an Situationen in seinem Leben erinnern, in welchen er besonders glücklich, stolz und vielleicht auch euphorisch war. In diesen Momenten könnten wir die ganze Welt umarmen und jedem unseren Erfolg und unsere positiven Gefühle mitteilen. Hier liegt die Grundlage zur Ausstrahlung! Doch, in unserer heutigen Zeit, in der oft auf Gefühle keine Rücksicht genommen wird, haben wir gelernt, diese vor den anderen zu verstecken. Jahrelang (in den 1950-ern und folgenden) war es sogar verpönt, öffentlich seine Gefühle zu zeigen. Die Menschen waren sterile Personen für die Außenwelt. Wer seine Gefühle aber versteckt, der versteckt auch seine Ausstrahlung! Denn, wo keine Emotionen sind, kann auch kein Strahlen sein! Viele Menschen sind immer noch zu blockiert, um ihre Gefühle mitzuteilen und andere damit in den Bann zu ziehen. Diese Menschen sollten nichts Neues lernen, sie sollten eher in sich hören und ihren Gefühlen mehr Raum gestatten!

Acht Schritte zu mehr Charisma und Ausstrahlung

„Charisma ist die Kunst, andere zu verzaubern. Charisma und Motivation hängen eng zusammen."

(Nikolaus B. Enkelmann)

Wie erreichen Sie nun mehr Charisma? Was können Sie dafür tun, um andere Menschen in Ihren Bann zu ziehen? Wir zeigen Ihnen anhand von 8 Schritten wie Sie auch eine charismatische Persönlichkeit werden können!

1. Eine Vision im Leben haben

Alle charismatischen Persönlichkeiten haben eines gemeinsam: Sie haben eine Vision! Sie wissen genau, was sie erreichen wollen und gehen diese Ziele mit Leidenschaft und Zielstrebigkeit an.

Was haben Sie für Ziele? Was wollen Sie in Ihrem Leben erreichen oder verändern? Dies müssen keine weltbewegenden Ziele sein, es genügen kleine Ziele. Nehmen Sie sich einen Block und notieren Sie alle Ihre Wünsche und Träume. Schreiben Sie alles auf, auch die kleinen Dinge. Ist es vielleicht ein neuer Wagen mit viel Komfort? Oder ein neuer Job? Schreiben Sie alles nieder! Wenn Sie alles notiert haben, so sehen Sie sich Ihre Aufzeichnungen an. Welche Ziele und Wünsche sind unrealistisch oder nicht so wichtig? Diese streichen sie wieder! Suchen Sie sich ein Ziel, welches Ihnen wichtiger ist als alles andere. Ein Ziel, welches Leidenschaft und Begeisterung in Ihnen hervorruft. Formulieren Sie in Ihrem Kopf dieses Ziel ganz klar (etwa so: „Ich werde diesen neuen Job bekommen und ich werde darin aufgehen und Höchstleistungen erbringen.“). Dieses Ziel werden Sie erreichen!

Erkennen Sie Ihre Ziele und Wünsche und lassen Sie diese wahr werden!

2. Erkennen Sie Ihre Stärken und Schwächen

Charismatiker wissen ganz genau, wo ihre Stärken und Schwächen liegen. Sie kennen und akzeptieren sie. Machen auch Sie einen weiteren Schritt zu mehr

Charisma und erkennen Sie Ihre Stärken und Schwächen! Bitten Sie Freunde und Bekannte, Ihnen zu sagen, was sie an Ihnen gut und was sie eher schlecht finden (Außenstehende können dies meist besser beurteilen als man selbst). Notieren Sie Ihre Stärken und Schwächen auf Ihrem Block. Ihre Stärken können Sie nun weiter ausbauen und an Ihren Schwächen können Sie entweder arbeiten, um sie auszumerzen oder Sie versöhnen sich mit ihnen, nehmen sie an und schließen Ihren Frieden damit! Sie werden sich danach ein Stück befreiter fühlen!

Um uns besser zu begreifen, müssen wir unsere Stärken und Schwächen kennen!

3. Das Bewusstsein

Menschen mit Charisma sind sich Ihrer selbst und ihren Befähigungen bewusst. Da Sie sich bereits Ihrer Stärken und Schwächen gestellt haben, sind Sie auf dem besten Weg zu mehr (Selbst-) Bewusstsein. Damit ist nicht Ihre, nach außen gerichtete, Stärke gemeint, sondern, dass Sie sich Ihrer selbst bewusst sind. Sie wissen nun, wie Sie wirklich sind und haben sich besser kennengelernt.

Neben dem Selbstbewusstsein gibt es noch das Vermögens- oder Reichtumsbewusstsein. Hier wird nicht Ihr materieller Besitz oder Ihr monetäres Vermögen bezeichnet, sondern Ihr innerer Reichtum, den Reichtum, den Sie in Ihrem Herzen tragen. Charismatiker sind reich an Herzenswärme, wissen um das Vermögen ihrer Fertigkeiten. Das Wissen um ihren Herzensreichtum wird sich bei diesen Menschen auch irgendwann auf den monetären Reichtum auswirken!

Werden Sie sich bewusst, welches Vermögen an Fertig- und Fähigkeiten Sie besitzen und wie Sie dies mit Ihrem Umfeld teilen können.

Im Bewusstsein reich und vermögend ist derjenige, der teilt und gibt ohne eine Gegenleistung zu erwarten! Der positive Nebeneffekt wird sich dann auch in materieller Sicht einstellen.

4. Lieben Sie sich selbst- und das Leben

Charismatische Menschen lieben sich und das Leben! Sie sind zufrieden, teilen das gerne mit ihrem Umfeld und erfreuen sich am Glück der Anderen. Sie sind von Grund auf positiv eingestellt und tragen oft ein Lächeln im Gesicht. Lächeln wirkt auf andere sympathisch und lässt einen zu innerer Freude gelangen.

Seien Sie also positiv und gehen Sie offen und freundlich auf andere Menschen zu, das ist schon die halbe Miete! Doch, seien Sie hier vorsichtig: Von, sich selbst lieben, zu narzisstisch, ist es nur ein schmaler Grat! Genießen Sie jeden Moment, in dem Sie sich gut fühlen, und wenn es einmal nicht so gut läuft, verwöhnen Sie sich!

Seien Sie gut zu sich selbst! Lächeln Sie so oft es geht und erfreuen Sie sich auch an den kleinen Dingen des Lebens!

5. Vertrauen

Vertrauen in sich und andere, das haben Charismatiker. Sie vertrauen auf ihre Stärken und das Erreichen ihrer Ziele. Wie steht es bei Ihnen mit dem Vertrauen? Vertrauen Sie sich selbst? Wenn Sie diese Frage mit „nein“ beantworten, so hinterfragen Sie sich. Überlegen Sie sich, was Ihr Vertrauen in sich selbst blockiert. Vielleicht ein Ereignis in der Kindheit? Die Auslöser für fehlendes Vertrauen können weit zurückliegen, aber auch erst kürzlich geschehen sein.

Wie steht es mit Ihrem Vertrauen in andere Menschen? Respektieren Sie jede Person, mit all ihren Facetten? Machen Sie sich ein positives Bild von ihren Mitmenschen, akzeptieren Sie diese mit allen Fehlern und Macken und nehmen Sie eine offene Haltung ein. Offenheit und Vertrauen führen zu einem inneren Wachstum und stärken so die Ausstrahlung!

Sicherheit und Vertrauen finden Sie nicht in den Anderen, nur in sich selbst!

6. Ehrlichkeit und Offenheit

Wollen Sie mehr Charisma erreichen, so seien Sie immer offen und ehrlich! Sagen Sie immer Ihre Meinung, jedoch verletzen Sie dabei niemanden! Bewerten Sie die Menschen nicht und sprechen Sie nur aus, was aus Ihrem Herzen kommt, dann ist es fast unmöglich, andere zu verletzen. Denken Sie aber immer daran, jeder Mensch nimmt Dinge anders wahr!

Nicht immer ist es leicht, offen und ehrlich zu

sein. Wir sollten es jedoch immer versuchen!

7. Authentizität

Charismatiker meinen, was sie sagen. Und das tun sie dann auch. Durch dieses Verhalten unterstreichen sie Ihre innere und äußere Haltung und wirken so überzeugend auf andere. Wie ist es um Ihre Authentizität bestellt? Wie verhalten sie sich in Sprache, Mimik und Gestik? Unterstreichen Sie durch Ihre Körperhaltung auch das Gesagte? Oder senden Sie widersprüchliche Signale? Prüfen Sie sich ganz genau hinsichtlich dieser Eigenschaften, nur so werden Sie authentisch sein! Wie steht es mit Ihrer Bekleidung? Fühlen Sie sich darin wohl? Wenn Sie das nicht tun, dann werden Sie das auch ausstrahlen! Sie wirken nicht authentisch und Ihr Gegenüber wird das auch merken.

Ihr Gesamtauftritt ist, was zählt! Nur wenn Kleidung, Mimik, Gestik und Rhetorik stimmig sind, wirkt man authentisch!

8. Immer in Bewegung bleiben- emotional, sozial und geistig

Menschen mit Charisma sind immer in Bewegung und wachsen- emotional, sozial und geistig! Damit Sie wachsen können, halten Sie ab und zu inne und betrachten Sie sich Ihre Ziele im Leben. Sind das noch die Ziele, welche Ihnen wichtig sind? Müssen Sie vielleicht eine kleine Nuance daran ändern? Dann tun Sie das! Entwickeln Sie sich weiter, arbeiten Sie an Ihren Stärken, an den Schwächen, Ihrem Bewusstsein, an der Liebe, dem Vertrauen und an Ihrer Authentizität! Nur wenn Sie sich immer weiterentwickeln werden Sie diese besondere Ausstrahlung bekommen!

Für die Erlangung von Charisma bedarf es einer lebenslangen Weiterentwicklung!

Psychologische Tricks

„Wer du auch seist - nur eines - sei es ganz.“ (Senta Berger)

Manche Menschen betreten einen Raum und sofort richten sich alle Blicke auf sie, die Gespräche verstummen. Andere stehen vor 5000 Menschen auf einem Rednerpult und sprechen ganz frei von der Leber, scheinbar ohne Lampenfieber und Nervosität! Wie machen diese Typen das? Sie scheinen sich dafür noch nicht einmal besonders bemühen zu müssen oder dafür etwas tun zu müssen, es fällt ihnen einfach in den Schoß! Diesen Menschen scheint die ganze Welt zu Füßen zu liegen und ihnen fallen Respekt, Anerkennung und Erfolg nur so zu!

Wie schafft man es, wenigstens ein wenig so wie diese `Lichtwesen` zu werden? Gibt es Tricks und Kniffe, wie ich andere dazu bringe, mich zu respektieren und Erfolg und Anerkennung zu erhalten? Ja, die gibt es tatsächlich! In manchen Dingen sind wir Menschen leicht zu durchschauen und einfach gestrickt und es genügen ein paar kleine psychologische Tricks, um das Umfeld für uns zu beeinflussen.

Reziprozität ist der erste Trick! Sie denken sich bei diesem Wort bestimmt: „Du meine Güte, das kann ich nie lernen, Reziprozität!“. Und schlagen die Hände über dem Kopf zusammen! Aber, keine Sorge, was so kompliziert klingt, ist es gar nicht! Reziprozität bedeutet ganz einfach, dass man keinen Gefallen ganz umsonst tun sollte! Man sollte in einer anderen Person immer das Gefühl eines Ausgleichs provozieren.

Dies ist ein sehr mächtiges Instrument, denn es lässt eine andere Person in unserer Schuld stehen! Und Schuld ist in den Köpfen der meisten Menschen negativ belegt. Keiner möchte Schulden haben! Jedoch ist auch hier eine gehörige Portion Charme von Nöten, denn schließlich muss dem Gegenüber ja beigebracht werden, dass man im Gegenzug etwas von ihm erwartet. Dies sollte ihn nicht verärgern oder kränken, deshalb sollte es nicht zu frech oder unhöflich formuliert werden. Manche unter Ihnen werden nun mit dem Argument kommen, dass man so den Anderen ja erpressen würde! Aber dies ist ganz und gar nicht der Fall, denn der Andere kann sich ja immer noch frei entscheiden, ob er den Gefallen annimmt und sich somit in die Position des Schuldners begibt oder eben nicht. Es steckt ja kein Zwang hinter dieser Sache! Das Leben besteht immer aus einem Geben und einem Nehmen!

Der nächste Trick ist bereits aus der Modewelt bekannt! Er ist dort als Trend bekannt. Kurz und gut, es heißt nichts anderes, als, dass, was andere gut und großartig finden, auch gut und großartig ist! Wir Menschen sind immer noch Herdentiere und wenn alle eine Sache gut finden, dann tun wir das eben auch!

Dieses Prinzip ist nun nicht nur auf die Mode zutreffend, sondern auch etwa im Arbeitsleben. Stellen Sie sich ein Vorstellungsgespräch vor - Ihr Vorstellungs-gespräch! Sie haben besonders gute Referenzen von bedeutenden Personen in der Tasche? Oder vielleicht sogar ein Empfehlungs-schreiben? Sehr gut, teilen Sie das Ihrem Gegenüber ruhig mit! Steigern Sie somit Ihren Wert und setzen Sie sich ins rechte Licht! Seien Sie nicht bescheiden! Nur so können Sie Menschen beeindrucken und in

Ihren Bann ziehen!

Sympathie ist der nächste Kniff, der es uns erlaubt, andere Menschen zu beeinflussen. Sie werden nun bestimmt sagen, dass man an Sympathie und Antipathie eh nichts ändern oder beeinflussen kann. Entweder, jemand findet uns sympathisch- oder eben nicht! Grundsätzlich ist das auch richtig, doch es gibt ein paar kleine Punkte, die richtig eingesetzt, ein wirkungsvolles Werkzeug sind zu mehr Charisma! Dabei unterscheidet man die Sympathie in unterschiedliche Faktoren.

- **Attraktivität:**

Sie liegt immer im Auge des Betrachters, sagt man. Und im Grunde genommen ist es auch so. Doch, hat Attraktivität immer etwas mit der äußeren Schönheit zu tun? Nicht unbedingt! Unbestritten ist, dass attraktive Menschen uns sympathischer sind. Doch, wer außen schön ist, kann im Inneren ein ganz \`hässlicher\` Mensch sein, und umgekehrt gilt es genauso. Wenn hier von Attraktivität die Rede ist, so meinen wir ein Gesamtbild aus der Art, wie man sich kleidet, wie man spricht oder welchen Style man hat, kurzum, was man ausstrahlt. Ein Beispiel: Nehmen Sie ein Zwillingspaar. Der eine Zwilling ist eher auf Ästhetik aus und strahlt das auch aus. Der andere Zwilling ist auch gleichermaßen hübsch und gepflegt, aber in seiner ganzen Erscheinung auffälliger und extravaganter. Er (oder sie) kleidet sich wilder, trägt schrille Farben, eine auffällige Frisur, vielleicht auch extravaganten Schmuck. Welcher der beiden macht Sie neugierig? Welchen der beiden wollen die Menschen kennenlernen? Welcher schlägt Sie in seinen Bann? Genau, es ist der Wilde der beiden!

- **Komplimente:**

Hier ist die Gefahr groß, dass das als Kompliment gemeinte als „Arschkriechen" ankommt. Wollen Sie jemandem ein Kompliment machen, dann beziehen Sie sich immer auf Fakten! Loben Sie die Person wegen der Art wie sie sich vor anderen ausdrücken kann oder wenn sie etwas besonders gut gemacht hat.

- **Ähnlichkeit:**

Wir fühlen uns zu Menschen mit gleichen Interessen oder Hobbys automatisch mehr hingezogen. Wie wir vorher schon festgestellt haben, sind Menschen Herdentiere, soziale Herdentiere. Und Gemeinsamkeiten verbinden. Warum gibt es z. B. so viele Fanclubs? Weil Menschen, die etwas gemeinsam haben, immer einen Gesprächsstoff haben. Sie sind sich auf Anhieb sympathisch! In der Geschäftswelt ist es gängige Praxis, dass man sich über die privaten Interessen des Geschäftspartners informiert und dies dann auch in Gespräche mit einfließen lässt.

- **Positive Einstellung:**

Natürlich kann ein negativ eingestellter Mensch keine Positivität ausstrahlen, das ist klar. Doch, zwischen lächeln und lächeln gibt es einen kleinen Unterschied! Hier ist das aufrichtig gemeinte Lächeln gemeint, das Lächeln, welches das gesamte Gesicht, und vor allem die Augen mit einbezieht! Ein Lächeln, welches die Augen nicht miteinschließt, wirkt gekünstelt und nicht authentisch und erreicht das Gegenteil von dem, was Sie damit eigentlich erreichen wollten. Sie können das richtige Lächeln üben: Setzen Sie sich vor einen Spiegel und trainieren Sie das Lächeln mit den Augen! Schauspieler oder

Nachrichtensprecher können das in Perfektion!

Die Autorität ist auch ein wichtiger Helfer auf dem Weg andere für sich zu gewinnen. Hier dreht sich vieles um die Körperhaltung. Haben Sie eine gewisse Körperspannung oder stehen Sie wie ein nasses Handtuch da? Üben Sie Präsenz! Stellen Sie sich in die Mitte eines Raumes und nehmen Sie diesen mit Ihrer Präsenz ein! Seien Sie dabei dynamisch und selbstbewusst und nutzen den ganzen Raum!

Das alles noch garniert mit einer kleinen Prise Humor und Sie sind auf dem besten Wege von den anderen Menschen mehr wahrgenommen zu werden. Doch Vorsicht, übertreiben Sie es mit dem Humor nicht! Zuviel Humor ruiniert die Glaubwürdigkeit und die Autorität ist dahin!

Aber sich auch mal ein „Nein“ zu erlauben, wenn alle anderen eine abweichende Meinung haben kann Sie weiter nach vorne bringen. Wenn Sie mit einer Sache nicht einverstanden sind, dann äußern Sie das! Nur wer nicht immer mit der Herde rennt, kann es zum Alphatier schaffen!

Ein weiterer, sehr wirkungsvoller psychologischer Trick ist es, wenn Sie sich rarmachen! Seit

Menschengedenken jagen wir Menschen den seltenen Dingen im Leben nach! Eine der beiden letzten Briefmarken einer bestimmten Serie, die Münze mit der Fehlprägung, die Chanel Handtasche, die es nur noch fünfmal gibt... die Liste ist lang! Wenn etwas besonders selten ist, dann interessiert uns das! Und das lässt sich auch auf den Menschen übertragen! Sie müssen nicht überall dabei sein, nur um dabei zu sein. Sie müssen sich nicht immer den Kollegen anschließen in der Mittagspause. Gehen Sie eigene Wege und machen Sie sich dadurch interessanter. Doch, auch wenn Sie E-Mails oder Textnachrichten erhalten, lohnt es sich, die Antwort etwas hinauszuzögern. Sie zeigen dem Gegenüber so, dass Ihre Zeit knapp bemessen ist und er sich mit den Anderen um eine Audienz bei Ihnen bemühen muss.

Die moralischen Werte, die jemand vertritt, sind auch ein weiterer Kniff wie Sie Menschen beeinflussen können. Da Sie als charismatischer Führer einer Bewegung deren Gedanken, Gefühle und Anliegen Ausdruck verleihen, müssen Sie feste moralische Werte haben, welche Sie mit Ihrem Kollektiv teilen. Sie repräsentieren die Gruppe und übertragen Ihre moralischen Werte auf sie, Sie prägen sie sozusagen. Denken Sie hierbei etwa an Martin Luther King oder John F. Kennedy.

3. LEGEN SIE IHR NATÜRLICHES CHARISMA WIEDER FREI

„Ausstrahlung ist es, wenn ich lache und mich dabei die Augen meines Gegenüber anstrahlen." (Damaris Wieser)

Wenn wir auf die Welt kommen, so besitzen wir nichts. Wir wissen nichts vom Lauf der Welt und von den Sorgen und Nöten, die in ihr herrschen. Wir werden von allen Menschen um uns einfach nur so geliebt wie wir sind, ohne Bedingungen.

Im Laufe der Jahre werden wir dann auf vielfältige Art und Weise geprägt. Zu Hause sagen uns Mama und Papa wie wir uns verhalten müssen, was wir sagen dürfen und was wir denken sollen. Später gehen wir dann in den Kindergarten und erfahren, wie wir mit anderen interagieren können und sollen. Wir bekommen viel Input und werden geprägt. Wir lernen viele Dinge, nützliche und nutzlose. Viele Einflüsse prasseln auf uns herein und wir lernen, wie wir in unserer Gesellschaft bestehen können.

Leider werden uns auch Denkweisen und Verhaltensmuster beigebracht, welche unserem Wesen widersprechen. Es wird keine Rücksicht auf unsere Gefühle und Gedanken genommen, wir haben einfach nur zu funktionieren! Alles was wir erleben und hinterfragen wird mit dem Verstand erklärt. Wir verlernen so im Laufe der Jahre, auf unsere Intuition und unser Körpergefühl zu achten.

Unsere natürliche Ausstrahlung rückt immer mehr in den Hintergrund, wird von anderen Dingen verdeckt. Wir dürfen unsere Gefühle nicht mehr offen aussprechen, nicht mehr ausleben. Dies hat jedoch keinen positiven Effekt auf unsere Entwicklung und blockiert uns oft ein Leben lang.

Um unsere natürliche Ausstrahlung wieder frei zu legen, müssen wir also keine neuen Muster lernen, wir müssen uns einfach wieder auf unser Wesen, wie es am Anfang war, konzentrieren. Wir müssen unseren Gefühlen den Vortritt vor unserem Verstand geben!

Charismatische Menschen haben diese Fähigkeit! Sie hören auf ihre Gefühle und teilen diese auch ihrer Umwelt mit. Sie schämen sich deswegen nicht, für Sie ist es eine ganz normale Sache geworden, wie etwa Atmen.

Besinnen Sie sich auf Ihre Anfänge, gestatten Sie sich Gefühle und teilen Sie diese auch mit! Dies ist der Weg, wie Sie Ihre natürliche Ausstrahlung zurückerhalten und Ihr Strahlen wieder jeden Raum erfüllt!

Kann man Charisma messen?

„Selbstbild geteilt durch Fremdbild- die Formel für unseren Charismaquotienten“ (Jennifer Withelm)

Die Größe, das Gewicht, vielleicht noch die körperliche Kraft - dies sind alles messbare, belegbare Größen. Wie ist das mit dem Charisma? Gibt es eine Maßeinheit für Charisma, eine Tabelle vielleicht, anhand derer man das Charisma einteilen kann? Ist Charisma ein messbarer Wert?

Viele Jahre wurde das Charisma in der Wissenschaft als suspekt angesehen. Erst im Jahr 1987, als die Wirtschaftswissenschaftler R. Kanungo und J. Conger das Charisma in einer Studie anhand von konkreten Verhaltensbeschreibungen messbar gemacht haben, änderte sich dieser Zustand.

Es stellte sich heraus, dass Führungskräfte als besonders charismatisch wahrgenommen werden, wenn Sie über die folgenden Eigenschaften verfügten:

- **Sie haben Visionen und teilen diese überzeugend mit.**
- **Sie inspirieren und motivieren ihre Mitarbeiter zu besonderen Leistungen.**
- **Sie gelten als Vorbild.**
- **Sie regen ihre Mitarbeiter zum selbständigen Lösen von Problemen an.**
- **Sie stärken die persönlichen Fähigkeiten ihrer Mitarbeiter.**

Anhand dieser Aufzählung lässt sich ganz klar erkennen, dass das Charisma einer Führungskraft immer von der Identifikation der Mitarbeiter mit ihr abhängt. Dieser Zustand hält so lange an, wie die Führungskraft Erfolge verbuchen kann. Bleiben diese Erfolge aus, so verblasst auch das Charisma der Führungskraft.

Seit einiger Zeit nun ist nicht nur die Psychologie oder die Philosophie an der Erforschung des Charismas interessiert, sondern es interessieren sich zunehmend die Neurowissenschaftler für dieses Thema. Im Jahre 2010 führten dänische Neuro- und Religionswissenschaftler ein spannendes Experiment durch. Sein Ergebnis war Folgendes: „Je stärker jemand eine andere Person als charismatisch empfindet, desto eher werden kritische Kontrollfunktionen des Verstandes gemindert. Diese Eigenschaft des Gehirns ist evolutionär sinnvoll, weil es z. B. die Überlebenschancen des Einzelnen in der Gesamtgruppe erhöht oder den Erfolg einer Gruppe gegenüber einer anderen Gruppe möglich macht. Andererseits kann diese Eigenschaft unseres Gehirns aber auch fatale Folgen haben und erklärt, warum es möglich ist, dass Menschen einem fanatischen Anführer blind folgen oder bereit sind, sich selbst zu opfern."

Hier ist die lange Liste mit Menschen zu nennen, welche über negatives Charisma verfügen: Hitler, Stalin, Mussolini, Mao, Charles Manson… Diese Liste ließe sich unendlich weiterführen, denn leider zieht das Charisma nicht nur das Gute an, es ist auch für das Böse ein sehr wirkungsvolles Werkzeug!

Ist Charisma gleich Narzissmus?

„Der Selbstliebe fehlt der Partner."
(Otto Baumgartner-Amstad)

Oftmals verwechseln Menschen (bewusst oder unbewusst) Charisma mit Narzissmus. Oftmals ist es auch nur ein sehr schmaler Grat, der die beiden voneinander trennt. Gerade sehr charismatische Persönlichkeiten werden, dank ihrer Eigenschaften (Selbstliebe, Autorität, Selbstbewusstsein, Zielstrebigkeit und Authentizität) gerne von einigen Menschen als narzisstisch empfunden. Vielleicht entsteht dieser Eindruck aus Neid auf den Charismatiker oder weil diese Personen einfach den Unterschied zwischen Charisma und Narzissmus nicht kennen. Ein Narzisst neigt zur Übertreibung der genannten Eigenschaften. Ehrliches Charisma jedoch braucht keine Übertreibung, es geht Hand in Hand mit Kompetenz. Diese Kompetenz fehlt einer narzisstischen Natur gänzlich.

Wie wird jemand zum Narzissten?

„Selbstliebe, mein Herz, ist nicht so abstoßend wie Vernachlässigung.“ (William Shakespeare)

Dieses Zitat von Shakespeare beantwortet diese Frage eigentlich schon. Denn, niemand wird mit einer narzisstischen Störung geboren. Diese entwickelt sich erst allmählich im Laufe der ersten Lebensjahre. Es gibt sehr viele Menschen, die unter bestimmten psychischen Störungen leiden. Diese Betroffenen leiden oft jahrelang und finden einfach keine Antwort auf die Frage, warum Sie so sind, was Sie zu dem gemacht hat, was Sie heute sind, was diese Störung verursacht hat. Es hat sich gezeigt, dass Störungen der Psyche oftmals in ganz jungen Jahren entstanden sind, ja, in uns gepflanzt wurden. Gerade in sehr jungen Jahren werden die Grundfeste für das weitere Leben angelegt. Dies betrifft die wichtigen Fähigkeiten der Bindung, das Selbstwertgefühl und die emotionale Reife. In dieser Zeit ist der junge Mensch ganz von dem Wohlwollen und der Fürsorge seiner nächsten Angehörigen abhängig. Die weitere Entwicklung aller Anlagen liegt in fremden Händen und der kleine Mensch ist ausgeliefert, auf Gedeih und Verderb.

Bei der narzisstisch ausgeprägten Persönlichkeit fehlt es in den ersten Lebensjahren (bis zum 5. Lebensjahr etwa) an Aufmerksamkeit, Zuwendung, Liebe und Verständnis der Eltern. Diese Kinder fühlen sich nicht geborgen, angenommen und geliebt. Jeder wird verstehen, dass aus diesen Kindern keine starken Persönlichkeiten heraus gehen können.

Doch, mittlerweile hat man auch herausgefunden, dass eine übertriebene Ausschüttung von Liebe, Zuwendung, Aufmerksamkeit und Zuwendung einen kleinen Menschen auch zu einer narzisstischen Persönlichkeit heranwachsen lassen. Beide Erziehungsmodelle ´eignen´ sich somit gleichermaßen für die Heranzüchtung eines Narzissten!

Um einem jungen Menschen einen perfekten Start ins Leben zu ermöglichen sollte er in allen Belangen

Unterstützung durch die Eltern erfahren. Er sollte seine Gefühle und Bedürfnisse ausdrücken dürfen und sich nicht an andere anpassen müssen. Er sollte jedoch auch Grenzen und Regeln erfahren und einhalten müssen. Kinder sollten immer um ihrer selbst geliebt werden und dies auch erfahren. Geschieht dies nicht, verursacht das fatale Folgen in diesem Kind: Es zweifelt immer stärker an sich selbst, hinterfragt, warum die Eltern es nicht lieben, es nur lieben, wenn es lieb und brav ist, nicht um seiner selbst willen. Dieses Kind wird nie Selbstliebe entwickeln. Es wird eher einen (zuerst vielleicht noch unterdrückten) Selbsthass entwickeln. Es kann doch gar nicht anders! Gerade Säuglinge erwarten bedingungslose Liebe und Hingabe ihrer Mütter. Fehlt dieses, erfährt er vielleicht sogar Ärger, Sorgen und Nöte der Mutter, so orientiert er sich an dem, was seine Mutter braucht und er spaltet unbewusst seine eigenen Bedürfnisse ab. Der Säugling sichert so sein schadloses Überleben. Doch, auf seinem späteren Weg hilft ihm das überhaupt nicht mehr, er braucht, um sich wohl zu fühlen, immer die Bestätigung von anderen. Ein Narzisst ist geboren!

Aber auch die andere extreme Erziehungsmethode ist schädlich für den heranwachsenden Menschen. Diese Form ist das genaue Gegenteil des gerade beschriebenen. Das Kind wird über die Maßen geliebt, behütet, ja, fast schon idealisiert. Dadurch lernt es nicht, sich Problemen zu stellen, Niederlagen zu akzeptieren oder mit Frustration richtig umzugehen. Dieses Kind wird für sich immer eine besondere Stellung im Leben beanspruchen. Es fühlt sich einzigartig, besonders und großartig. Sehr oft ist dieses Phänomen zu beobachten bei sehr dominanten Müttern und fehlender Vaterfigur. Gerade wenn der Partner mit Abwesenheit glänzt und es in der Ehe bereits kriselt, werden viele Jungen als Partnerersatz von den Müttern `missbraucht´ (nicht im wörtlichen Sinn). Diese Kinder haben es im Erwachsenenalter dann besonders schwer! Da sie nie reglementiert wurden, keine Grenzen erfahren haben und andere immer die Probleme für sie gelöst haben, verfügen sie nicht über die Möglichkeiten, Probleme alleine zu lösen. Diese nun Erwachsenen Menschen sehen ihre

Eltern nicht mehr als Respektsperson und eigenständige Individuen an. Diesen Menschen mangelt es zeitlebens an Respekt und Empathie anderen Menschen gegenüber.

Wie Sie sehen, bei beiden Formen der Erziehung liegt dem Problem eine fehlgeleitete Form der Liebe zu Grunde. Jeder Mensch kommt mit einem gesunden Maß an Narzissmus zur Welt, doch die ausgeprägten Formen des Narzissmus entstehen durch die Prägung und Sozialisation, welche ein Kind während seines Heranwachsens ausgeliefert ist. Dies soll nichts entschuldigen (ich spreche hier vor allem die Personen an, die vielleicht unter einem Narzissten litten oder immer noch leiden), nur eine Erklärung liefern.

Narzissmus kann man messen

„Wann immer ich außer Haus gehe,
sehe ich blühende Landschaften.

Narzisse und Narzissinen, so weit das
Auge reicht.“ (Thomas S. Lutter)

Narzissmus begegnet uns heutzutage an allen Ecken! Narzissmus ist salonfähig geworden! In unserer immer mehr an Leistung orientierten Welt, in der wir von Politikern regiert werden, die alle einen gewissen Hang zum Narzissmus haben, ist Narzissmus in aller Munde. Oftmals verwendet man die Bezeichnung, ohne die tiefere Bedeutung zu überlegen. Denn, der \`echte\` Narzissmus, die psychische Störung, kann bestimmt werden! Jeder Psychotherapeut orientiert sich zur Bestimmung einer narzisstischen Störung immer am „Diagnostischen und statischen Leitfaden psychischer Störungen (kurz: DSM)“. Um nun von einer krankhaften narzisstischen Störung zu reden, müssen nach DSM folgende

Merkmale erfüllt werden:

- Sie neigen zum Übertreiben, was die eigenen Fähigkeiten betrifft und erwarten Lob und Anerkennung ihres Umfeldes ohne Leistungen erbracht zu haben.
- Sie haben den festen Glauben, dass sie besonders und einzigartig sind, ergo, sind sie überzeugt, nur mit hochgestellten Personen interagieren zu können.
- Sie haben oft Fantasien über grenzenlose Macht, Erfolg und ideale Liebe.
- Sie haben hohe Ansprüche. Es versteht sich für sie von selbst, dass alle ihre Erwartungen erfüllt werden und sie immer bevorzugt behandelt werden.
- Sie brauchen die extreme Bewunderung der Anderen.
- Um ihre persönlichen Ziele zu erreichen, nutzen sie im Zwischenmenschlichen alle Menschen für ihre Belange aus.
- Neid ist ihr ständiger Begleiter! Sie sind oft

neidisch auf andere Personen und gehen auch fest davon aus, dass andere auf sie neidisch sind.

- Meist zeigen sie hochmütiges, arrogantes Verhalten
- Sie sind nicht bereit, Empathie für andere Menschen aufzubringen.
- Es zeigen sich aber noch weiter Charaktereigenschaften von narzisstischen Persönlichkeiten, welche nicht im DSM erfasst sind. Diese Eigenschaften sind: übertriebener Egoismus, unbändiges Bedürfnis nach Anerkennung und Bewunderung und Kontrollbedürfnis (Kontrollfreaks).

Narzissten sind Meister in der Manipulation anderer. Sie sind Schauspieler par excellence und sie täuschen ihr direktes Umfeld oft jahrelang über den Umstand hinweg, dass sie eine ausgeprägte psychische Störung haben. Der Narzisst kann blitzschnell seine Taktik einer neuen Situation anpassen und er benutzt Menschen immer für seinen persönlichen Vorteil.

Dabei nimmt er die meisten Menschen gar nicht als individuelle Personen wahr, sondern eher als Objekte, mit denen er dies oder jenes erreichen kann. Auch versucht der Narzisst alles, um anderen ihren Erfolg nicht zu gönnen und schlecht zu reden. Er kann es nämlich gar nicht hinnehmen, wenn andere Menschen erfolgreicher und beliebter sind als er.

Wie manipuliert ein Narzisst andere?

„Wenn wir uns selbst nicht lieben,
können wir andere Menschen auch
nicht schätzen." (Dalai Lama)

Narzissten verfügen über ein unglaubliches Arsenal an Techniken und Taktiken, wie sie andere Menschen für sich benutzen und manipulieren können. Für jedes vermeintliche Problem haben sie eine eigene Strategie, welche sie blitzschnell neuen Situationen anpassen können. Hier finden Sie nun die wichtigsten davon.

Der manipulative Narzisst kann mit sanftem Verhalten täuschen. Er spielt seine charmante Seite aus, überrascht durch rhetorisches Geschick, bringt sachliche Argumente hervor, übt versteckte Kritik. Der Narzist verteilt großzügig Komplimente und Lob, bringt uns durch überzeugend dargebrachte Unwahrheiten zum Staunen. Er verfällt in eine laute, unflätige Ausdrucksweise, flucht, tobt und wütet (alles Dinge, die einem charismatischen Menschen fremd sind). Der Narzisst kann auch sehr gut den Leidenden mimen, wenn er sich dadurch Vorteile verspricht. Er kann auf ganz zauberhafte Weise bitten, ja, fast schon betteln, er appelliert an das Gewissen seines Gegenübers, möchte bei diesem Schuldgefühle hervorrufen. Er kann auch schlimme Krankheiten vorspielen oder vorhandene dementsprechend ausschmücken, sodass er bei seinem Umfeld auf Mitleid stößt. Aber auch durch sehr aggressives Verhalten versucht er seine Ziele zu erreichen. Er droht, beleidigt, beschuldigt, stellt andere infrage, beachtet andere nicht, macht sie klein, blufft und erpresst sein Gegenüber. Doch, auch manipulativ hat er einiges zu bieten! Er verdreht Tatsachen, täuscht falsche Sachverhalte vor, setzt andere unter Zeitdruck, er möchte den Anderen nicht verstehen und bemüht sich erst gar nicht darum.

All diese Dinge setzt der Narzisst gekonnt ein, um andere zu verunsichern und für sich zu gewinnen. Dabei geht er sehr subtil vor und dosiert sehr fein. Kann er mit diesen (seiner Meinung nach) sanften Methoden keinen Erfolg erreichen oder fühlt er sich emotional angegriffen, dann zeigt er sein wahres Gesicht! Er wird böse, kalt und scheut sich auch nicht, dies öffentlich auszuleben. Er empfindet keine Scham und Reue mehr und ist völlig außer Kontrolle!

Jeder von uns verfügt über einen klitzekleinen Narzissten in sich. Das ist gut so und das muss auch so sein, um uns von Zeit zu Zeit selbst zu schützen. Wenn diese Ausprägung jedoch zu starke Züge annimmt und aus dem Ruder zu laufen droht, dann sollte man sich rechtzeitig Hilfe besorgen und die krankhafte psychische Veränderung von einem fachkundigen Therapeuten behandeln lassen.

Wie charismatisch sind Sie?

„Charme ist die Gabe, den anderen vergessen zu lassen, dass er aussieht wie er aussieht.“ (Französisches Sprichwort)

Sie haben nun so viel von Charisma und Ausstrahlung gehört, dass Sie nun bestimmt wissen möchten, wie charismatisch Sie sind. Diesem Thema haben sich viele Wissenschaftler verschrieben und es wurden viele Studien und Umfragen zu diesem Thema durchgeführt. Das „Journal of Personality and Social Psychology“ veröffentlichte eine Studie, welche anhand von 6 Fragen eine Bewertung des eigenen Charismas möglich macht. Die Bewertung führen Sie selbst durch. Falls Sie wissen, dass Sie sich schlecht selbst einschätzen können, so bitten Sie Ihren Partner oder einen Freund diese Bewertung (Sie geben sich selbst Punkte auf einer Skala von 1 - 5) für Sie durchzuführen.

Hier kommen nun die 6 Aussagen, welche Sie, je nach Wahrheitsgehalt, mit einem Wert von 1 - 5 Punkten bewerten sollen.

Ich bin jemand, der…

1. eine gewisse Präsenz ausstrahlt, wenn ich mich in einem Raum aufhalte.
2. Menschen beeinflussen und gewinnen kann.
3. ein geborener Führer einer Gruppe ist.
4. es schafft, dass Menschen sich in meiner Gegenwart wohlfühlen.
5. Menschen gerne anlächelt.
6. mit anderen Menschen gut klar kommt, sie versteht

Haben Sie nun alle Aussagen bewertet und die Gesamtpunktzahl errechnet, so teilen Sie diesen Wert durch 6 und so erhalten Sie Ihre Charisma-Zahl. Liegt der Wert über 3,7, so sind Sie überdurchschnittlich charismatisch.

Die Aussagen zu diesem Test wurden in mehreren Studien ermittelt. Die Teilnehmerzahl belief sich auf insgesamt rund 1000 Menschen

Bin ich besser, als die Anderen?

„Die Anzahl unserer Neider bestätigt unsere Fähigkeiten." (Oscar Wilde)

Neid macht hässlich. Es vergiftet Freundschaften, Seelen und spaltet ganze Völker. Neid ist in jedem von uns. Keiner gibt es gerne zu, doch da belügt man nur sich selbst. Neidischen Menschen sind mit ihrem Leben nicht zufrieden. Sie beneiden Freunde, Bekannte oder Kollegen. Neidische Menschen reagieren oft aggressiv und geringschätzig. Aber, woher kommt er, der Neid?

Neid resultiert aus dem Blick auf die Anderen. Was haben sie mehr oder besseres als ich? Erkennen wir einen Mangel oder fühlen wir uns benachteiligt, dann kann es schon einmal zu Neid kommen. Bereits Immanuel Kant erkannte, dass der Impuls, aus dem Neid entsteht, ein Bestandteil der menschlichen Natur ist. Der Londoner Wissenschaftler Antonio Cabrales bezeichnet den Neid als eine evolutionäre Entwicklung, als „Ergebnis des Wettstreits um begrenzte Ressourcen“. Er vertritt die These, dass es bei unseren frühesten Vorfahren nicht von Belang war, viel zu besitzen, sondern nur darum, mehr als die oder der Andere zu haben. Daraus resultierte ein höherer sozialer Status und die Fortpflanzung war so gesichert.

Die Objekte des Neides können hier wirklich sehr vielfältig sein. Es fängt an bei ganz banalen, materiellen Werten, gutem Aussehen, beruflichen Erfolgen, sozialem Status, über sportliche oder musikalische Erfolge, bis hin zu sexueller Potenz und Gesundheit. Sie sehen, bereits eine Nichtigkeit kann zu Neid führen. Jeder von uns war schon einmal neidisch auf jemanden, nur zugeben wollen es die Meisten nicht. Neid ist ein sehr negativ belegtes Wort und viele schämen sich, da den Menschen Neid nicht gut zu Gesicht steht! Nicht umsonst zählt er in der Bibel zu den 7 Todsünden!

Die 3 verschiedenen Arten des Neids

„Neid ist dem Menschen, was Rost dem Eisen." (Sprichwort)

Grundsätzlich unterscheiden Psychologen den Neid in 3 Arten:

Destruktiver Neid zeichnet sich durch Missgunst aus. Er hat aggressive Züge und äußert sich in etwa so, dass man dem Anderen etwas nicht gönnt, es für sich selbst haben möchte und, falls man es nicht bekommt, es dann lieber zerstört, als es anderen zu überlassen. In der Arbeitswelt könnte man es so charakterisieren, dass man dem Kollegen etwa die Beförderung nicht gönnt und dann auch hinter seinem Rücken gegen ihn arbeitet.

Positiver Neid entsteht aus der Bewunderung

heraus. Diese Form des Neids kann den Ehrgeiz in einem wecken. Man möchte genauso gut wie der Arbeitskollege oder der Sportkamerad werden und spornt sich mit dieser Art des Neids dazu an. Man möchte sein Gegenüber nicht zerstören, wie beim destruktiven Neid, sondern man möchte sich besser machen, neu erschaffen. Diese Art des Neides ist zwar auch nicht unbedingt als positiv zu werten, jedoch seine Folgen schon.

Depressiver Neid ist sehr lähmend und die Menschen, welche ihm verfallen, sind zumeist todunglücklich. Diese Art des Neides lässt die Betroffenen die Erfolge anderer Personen als übermenschlich betrachten. Sie wollen dies auch erreichen, sind aber überzeugt, dies niemals zu schaffen. Diese Form des Neides ist sehr schädlich für das eigene Selbstwertgefühl.

Wie Sie sehen, Neid ist keine Tugend, welche erstrebenswert ist. Neid vergiftet Menschen, macht sie blind und rasend - mit oft fatalen Folgen! Es bringt Menschen dazu, sich selbst zu schaden - nur damit sie dem oder den Anderen noch mehr schaden können! Neid macht uns unglücklich und unzufrieden. Selbst körperliche Beeinträchtigungen, wie etwa Kopfschmerzen, Schlafstörungen, Herzbeschwerden oder Depressionen kann Neid verursachen.

Der Neid und die Psychologie

„Wir mögen's keinem gerne gönnen,
dass er was kann, was wir nicht
können." (Wilhelm Busch)

Ein Experiment, durchgeführt an der Harvard Universität, belegt den Neidfaktor sehr deutlich. Befragt wurden Studenten, ob sie:

- a.) das Jahreseinkommen von 100000,- Dollar verdienen wollen, während die Anderen alle 200000,- Dollar verdienen

oder

- b.) 50000,- Dollar haben wollen, wenn die Anderen nur 25000,- Dollar erhalten.

Was denken Sie, wie haben die Probanden sich entschieden? Genau, richtig geraten, die Mehrheit wählte Option b!

Selbst die sozialen Netzwerke stacheln unseren Neid an. Dort kann immer geschaut werden, was für vermeintlich tolle, erfolgreiche und zufriedene Leben die Anderen führen, während man selbst vor Neid zerfressen, sein kleines, unbedeutendes Leben führt. Anhand von zahlreichen schillernden Bildern und Posts keimt hier in vielen Menschen der Neid auf! Dieses Gefühl bekämpfen die Betroffenen dann in immer bunteren, noch schöneren Bildern und Posts. Dies wollen dann die Anderen wieder übertrumpfen und so dreht sich die Spirale unaufhörlich nach unten.

Doch, auch, und vor allem im Job kann uns Neid immer wieder begegnen. Hier sei besonders auf das Phänomen der Stutenbissigkeit verwiesen. Sexuelle Konkurrenz beeinflusst im Berufsleben stärker die

Frauen als die Männer! Jedoch zeigten die Auswertungen vieler Studien auf diesem Gebiet, dass beide Geschlechter in gleicher Form neidisch auf Kollegen mit großen sozialen Kompetenzen waren. Es zeigte sich aber auch, dass Frauen sehr stark darauf reagierten, wenn andere Frauen aus dem Team bei den Männern gut ankamen. Dies war besonders ausgeprägt, wenn es eh schon einen Attraktivitätskampf gab.

Die Auswertungen ergaben weiterhin, dass Frauen im Team am besten mit Männern zusammenarbeiteten. Besteht jedoch ein erstes Problem, so arbeiten beide Geschlechter jedes Mal in gleich guter Weise daran. Bei alltäglichen Fällen ohne besondere Brisanz konnte jedoch festgestellt werden, dass Frauen in gemischten Teams weitaus besser mit Männern und auch die Männer besser mit Männern zusammenarbeiteten. Es wurden von den Forschern rund 272 Studien mit über 31000 Teilnehmern in 18 Ländern ausgewertet.

Wie vermeide ich Neid: Tipps, um den Neid loszuwerden

„Wer Neider hat, hat Brot, wer keine hat, hat Not." (Jeremias Gotthelf)

Um aktiv gegen seinen Neid vorzugehen, müssen die Betroffenen ihn sich erst einmal eingestehen. Das ist ein ähnlich schwieriger Prozess, wie bei einem Alkoholiker. Erst, wenn dieser sich seine Sucht eingesteht, kann er erfolgreich dagegen ankämpfen. So auch beim Neid. Der Betroffene muss erst wieder lernen, anderen Menschen etwas zu gönnen und sich selbst nicht immer mit anderen zu vergleichen. Je mehr und je häufiger wir uns mit anderen vergleichen (müssen), desto mehr geraten bzw. setzen wir uns unter Druck. Der Neid zerfrisst uns, er kann uns sogar zerstören.

Wenn Sie Ihrem Nachbarn oder Kollegen etwas

neiden, so müssen Sie auch immer hinterfragen, was derjenige für seinen Erfolg alles getan und geopfert hat. Sie gönnen Ihrem Kollegen die Beförderung nicht? Was denken Sie, wie hat er diese wohl erhalten? An wie vielen Abenden war er noch im Büro, als Sie nach Hause gegangen sind? Wie viele Samstage hat er an seinem Schreibtisch in der Firma verbracht? Wären Sie auch dazu bereit? Würden Sie dasselbe leisten, um beruflichen Erfolg zu haben?

Statt die Anderen immer um alles zu beneiden, sehen Sie diese doch lieber als Inspiration an. Analysieren Sie deren Strategien, lernen Sie, kopieren Sie oder fragen Sie diese Personen einfach.

Hier erfahren Sie nun, wie Sie das Neidmonster ein für alle Mal loswerden und wieder zufriedener und befreiter leben können!

Der erste Schritt ist die Akzeptanz! Gestehen Sie sich Ihren Neid ein und gehen Sie ganz offen damit um. Quälen Sie sich nicht mehr mit Schuldgefühlen und Scham! Nehmen Sie den Neid hin und akzeptieren Sie dieses Gefühl. So kann es Ihnen gelingen, den Neid als Ansporn und Herausforderung anzunehmen.

Selten sind es ja die materiellen Dinge, welche uns neidisch machen. Oftmals ist es das Leben der anderen, welches wir beneiden. Wir denken, der Nachbar oder Kollege führe ein besseres und zufriedeneres Leben, als wir selbst. Aber, warum denken wir das? Wenn Sie einmal wieder der Neid überkommt, so hinterfragen Sie ihn. Warum sind Sie der Meinung, dass Sie unter anderen Bedingungen glücklicher wären? Nur durch schonungsloses Hinterfragen können Sie herausfinden, was Ihnen in Ihrem Leben fehlt und können so vielleicht noch einmal eine ganz andere Richtung einschlagen!

Wie wir oben schon kurz erwähnten ist es auch wichtig, genau hinzusehen. Was hat der Kollege alles geopfert, um die Beförderung zu bekommen? Wie lange quält die Kollegin sich im Fitnessclub, um diese schöne Figur zu haben? Wollen Sie immer noch mit ihnen tauschen?

Wir alle wollten schon einmal etwas, was ein

Anderer besitzt. Das ist normal und völlig okay. Doch, hüten Sie sich vor Missgunst! Versuchen Sie nicht Ihr Glück darin zu finden, das Leben einer anderen Person zu zerstören!

Stattdessen konzentrieren Sie sich lieber auf Ihre Stärken! Was können Sie besonders gut? Worin übertrumpfen Sie die Anderen? Wofür werden Sie geschätzt? Gerne können Sie Freunde, den Partner oder Kollegen nach diesen Vorzügen befragen, wenn Sie selbst nicht sicher sind. Nur wer seine Stärken kennt und diese zu schätzen weiß kann dem Neidmonster erfolgreich aus dem Weg gehen und so sein Selbstbewusstsein nachhaltig steigern.

Als letzter Punkt auf unserer Liste steht die Dankbarkeit! Wir Menschen tendieren gerne dazu, alles als gegeben zu erachten. Durchbrechen Sie dieses Muster! Seien Sie dankbar! Sie können für alles dankbar sein. Ihre Gesundheit, Ihre wohlgeratenen Kinder, Ihre sportlichen Erfolge... die Liste ist unendlich lang! Seien Sie dankbar und Ihr Leben wird zufriedener, glücklicher und erfolgreicher! Dankbarkeit ist ein mächtiges Werkzeug zum Glück!

Wie gehen Stars mit dem Neid um?

„Wenige von uns können Wohlstand ertragen. Den eines anderen, meine ich." (Marc Twain)

Viele Menschen himmeln sie an, wären so gerne auch ein berühmter Star! In einer Riege mit Angelina Jolie und Tom Cruise- das ist für viele der sehnlichste Wunsch! Einige gehen sogar so weit, sich wie ihre Stars zu kleiden, zu schminken und zu geben.

Star zu sein ist Segen und Fluch gleichermaßen! Doch, die meisten Menschen sehen nicht hinter die Fassade! Sie sehen nur das (vermeintlich) schöne Leben, Luxus im Überfluss, Geld ohne Ende, schöne Kleidung, makelloses Aussehen. Doch, ein Star ist eine Person des öffentlichen Lebens! Ein Star kann nicht mal eben in der alten Jogginghose mit Sandalen an den Füßen in den Supermarkt an der Ecke schlurfen - er würde sich am nächsten Tag garantiert auf den Titelseiten sämtlicher Zeitungen wiederfinden. Stars stehen immer im Fokus - an 365 Tagen im Jahr! Nicht einmal in ihren eigenen 4 Wänden sind sie ganz sicher, wie die Geschichte schon oft gezeigt hat. Stalker, welche sich in Schränken verstecken, um so ihrem Star ganz nah zu sein, versteckte Kameras im Haus und solch abartigen Dinge - Stars erleben sie häufig!

Viele Stars sind mit dem Rummel um ihre eigene Person auch schlichtweg überfordert und enden nicht selten in diversen Kliniken. Oftmals kompensieren sie den Druck, welcher tagtäglich auf ihnen lastet, durch eine Flucht in eine andere Welt. Sie fangen an zu trinken oder konsumieren Drogen. Manche drehen auch einfach nur durch und versuchen, sich selbst zu schaden. Denken wir hier nur an die schockierenden Bilder der komplett zerstörten Britney Spears, welche sich mit der stumpfen Schere die Haare vom Kopf säbelte!

Star zu sein ist heutzutage nicht leicht! Dank Smartphone und Co. sind Bilder und Posts in Sekundenschnelle im World Wide Web und werden mit viraler Geschwindigkeit verbreitet. Abgelichtet in teils sehr unvorteilhaften Posen müssen die Stars sich dafür vor der ganzen Welt kritisieren lassen. Um solch permanente Präsenz gut verkraften zu können, müssen die Stars ein sehr großes Selbstbewusstsein und eine gehörige Portion Charisma besitzen. Viele machen auch entspannende Übungen wie etwa Yoga oder autogenes Training. Viele sind jedoch auch bei einem Psychotherapeuten. Denn - wo Licht ist, ist auch Schatten!

4. CHARISMA UND ENERGIE

„Wer Energie sparen möchte, sollte nicht bei der menschlichen Wärme anfangen." *(Erst Ferstl)*

Charismatische Menschen verfügen immer über ein gewisses Maß an Energie. Durch ihre Körperhaltung und ihre Gestik und Mimik geben Sie klar zu verstehen, dass Sie noch voll Energie stecken, während andere bereits aufgeben. Ein Charismatiker strotzt nur so vor Vitalität und Energie. Und dies verbinden wir automatisch mit Gesundheit. Nicht im eigentlichen Sinne, sondern mit einer allumfassenden Gesundheit und Vitalität. Eine energiegeladene, innere Ausstrahlung, wie Sie durchaus auch ein körperlich versehrter Mensch haben kann. Denken Sie nur an die vielen charismatischen Athleten, welche bei den Paralympics teilnehmen. Energie und Charisma gehen immer Hand in Hand. Ohne das Eine gibt es das Andere nicht und umgekehrt. Charismatiker ziehen uns mit ihrer Energie mit, stecken uns mit ihr an.

Finden Sie sich selbst!

„Manche Menschen suchen sich selbst, ohne zu wissen, wen sie denn da wo suchen sollen." (Christa Schyboll)

Wissen Sie, wer Sie wirklich sind? Was sind Ihre Lebensziele? Was treibt Sie an? Sind Ihre Ziele auch tatsächlich Ihre eigenen Ziele oder nur die Ziele, die andere in Sie projizieren?

Die Gegenwart ist Ihr Leben! Es geht um Sie, um Ihre Bedürfnisse, Träume und Ziele. Fangen Sie an, das Leben zu führen, welches Sie immer wollten! Um das zu erreichen brauchen Sie nichts Neues lernen, alles was es dazu braucht besitzen Sie bereits! Es ist alles in Ihnen! Alles was Sie tun müssen, ist, sich Ihres wahren Wesens wieder bewusst zu werden. Legen Sie Ihre verborgenen Potenziale wieder frei und werden Sie sich Ihren Stärken wieder bewusst.

Sie fragen sich nun bestimmt, wo denn diese unglaublichen Potenziale all die Jahre waren. Die waren schon immer in Ihnen! Nur wurden Sie seit frühester Kindheit auf bestimmte Dinge konditioniert, es wurden Ihnen Werte (anderer) vermittelt, Sie wurden in Rollen gedrängt und mussten sich anpassen, um innerhalb der Gesellschaft Ihren Platz einzunehmen. Aber, Sie selbst, Ihre individuelle Art und Ihr wahres, reines Ich blieb vollständig auf der Strecke!

Viele Menschen sind oft Ihr ganzes Leben lang auf der Suche nach sich selbst, ohne sich tatsächlich zu finden. Diesen Menschen ist allen eines gemeinsam: Sie suchen im Außen danach! Sich selbst jedoch begegnet man nur in seinem Inneren! Lernen Sie wieder auf Ihre Gefühle zu hören und zu vertrauen! Finden Sie heraus, was Ihre Seele möchte und nicht was Ihnen Ihr Verstand diktiert!

Um sich nun auf die Suche nach sich selbst zu begeben, ist es wichtig, zuvor eine Übung zu machen. Diese Übung lässt Sie wieder in Kontakt mit sich selbst kommen und ist deshalb die wichtigste Übung überhaupt. Gehen Sie wie folgt vor:

1.) Suchen Sie sich einen stillen Ort, an welchem Sie sich völlig wohlfühlen und entspannen können. Setzen Sie sich auf ein bequemes Möbel Ihrer Wahl. Schließen Sie Ihre Augen.

2.) Atmen Sie tief durch die Nase ein und durch den Mund aus. Fokussieren Sie sich auf Ihren Körper. Das Atemtempo bestimmen Sie selbst, jedoch sollten Sie immer länger aus- als einatmen. Dies entspannt Körper und Geist am optimalsten. Wiederholen Sie dies ein paar mal.

3.) Es werden unweigerlich Gedanken in Ihnen aufsteigen! Ignorieren Sie diese! Lenken Sie Ihre Aufmerksamkeit nach Innen und geben Sie den

Gedanken keinen Raum! Stellen Sie die Verbindung zu Ihrem inneren, wahren Sein dadurch her.

4.) Konzentrieren Sie sich dann auf Ihre Fußsohlen. Stellen Sie sich vor, wie kräftige Wurzeln aus Ihnen wachsen und eine Verbindung mit der Erdmitte hergestellt wird. Fühlen Sie die Energie darin!

5.) Lassen Sie die Energie fließen! Spüren Sie sie in jeder Faser Ihres Körpers! Sie werden sogleich spüren, wie Sie sich leichter, entspannter und lebendiger fühlen! Besonders in der Herzgegend werden Sie ein starkes Gefühl merken. Halten Sie hier etwas inne und spüren Sie die Energie in Ihrem Körper!

6.) Sind Sie bei Ihrem Kopf angelangt, so können Sie ein über Ihrem Kopf ein leichtes Kribbeln spüren. Dies wird das Kronenchakra genannt. Mittels ihm wird die Verbindung zu Ihrem höheren Selbst hergestellt.

7.) Nun bilden Sie eine Energiebrücke. Diese Brücke führt von Ihrem Kronenchakra durch Ihren Körper hindurch bis in Ihre Füße und zur Erdmitte.

8.) Nun sind Sie mit Ihrem inneren, höheren Selbst verbunden. Das Portal zu Ihren Wünschen und Zielen ist geöffnet! Hören Sie genau in sich, Sie werden die Antworten erhalten, nach denen Sie suchen. Natürlich können Sie auch spezielle Fragen stellen. Oftmals zeigt sich aber eine Antwort nicht gleich. Dies kann später geschehen, in Form von Träumen, Botschaften, Erkenntnissen oder Visionen.

Bleiben Sie geduldig! Führen Sie diese Meditation am besten täglich durch, machen Sie sie zu einer Routine! Lassen Sie sich nicht entmutigen, falls Sie nicht gleich einen Zugang zu sich selbst finden. Sie werden die Zeichen deuten und die Botschaften verstehen, wenn es soweit ist. Lassen Sie Ihren Geist ruhen und konzentrieren Sie sich ganz auf Ihr Inneres, dann werden Sie sich von Mal zu Mal besser kennenlernen und werden Ihre Ziele im Leben finden!

Um sich selbst zu finden ist es von wesentlicher Bedeutung, mit sich selbst Zeit zu verbringen. Nur auf diese Weise können Sie erkennen, was Sie wirklich im Leben wollen. Konzentrieren Sie sich ganz auf sich! Was wollen Sie? Wie sind Sie, wenn Sie ganz alleine sind? Was ist Ihnen wichtig? Was sind Ihre Bedürfnisse? Um sich selbst zu finden ist es nicht produktiv, Zeit mit anderen Menschen zu verbringen, denn man würde sich ständig wieder mit ihnen vergleichen und messen. Gehen Sie Ihren eigenen Weg, achten Sie nicht darauf, was andere dazu sagen. Schwimmen Sie gegen den Strom, tun Sie was Sie gerne tun und tun Sie das, was Ihnen Freude im Leben bereitet!

Der nächste Tipp: Beobachten Sie Ihre Gefühle und Gedanken. Wir Menschen denken fast jede Minute etwas anderes! Ein wahres Gedankenwirrwarr herrscht in unseren Köpfen! Dabei machen wir uns oft Gedanken um Vergangenes oder Zukünftiges. Dies sind aber Dinge, welche wir eh nicht mehr oder noch nicht beeinflussen können - also sind Gedanken darüber auch unnötig!

Wenn Sie auf der Suche nach sich selbst sind, dann ist es unbedingt nötig, dass Sie im Hier und Jetzt leben! Beobachten Sie hierbei lediglich Ihre Gedanken und Gefühle, denn nur in dieser Rolle können Sie auf Ihren Gedankensalat herabblicken und können so Ihr inneres Selbst entdecken. Kontrollieren Sie Ihre Gefühle und Gedanken immer mehr und leben Sie im Heute, nur das lässt Sie ausgeglichener werden und Ihre Entscheidungen werden immer mehr Ihrem eigenen Selbst entsprechen!

Ein weiterer, hilfreicher Tipp besteht darin, Ihnen zu raten, dass Sie Selbstfindungsfragen beantworten. Wenn Sie sich im Selbstfindungsprozess befinden, dann kann es Ihnen einen ungeheuren Schub geben, wenn Sie wichtige Fragen zur Selbstfindung beantworten, um sich über Ihre wirklichen Ziele und Wünsche bewusst zu werden.

Nehmen Sie sich zur Beantwortung der Fragen Zeit und hören Sie tief in sich hinein. Seien Sie ehrlich und antworten Sie spontan. Nehmen Sie Papier und Stift dazu und notieren Sie sich Ihre Antworten. Sie können auch zwischen den Antworten etwas Platz lassen, um in den nächsten Tagen noch Ergänzungen zuzufügen.

Hier kommen die Selbstfindungsfragen:

- Was hatten Sie als Kind für Fertigkeiten? Was waren Ihre Träume zu dieser Zeit? Verfolgen Sie diese noch?
- Was haben Sie im Laufe der Zeit aus den Augen verloren, was Ihnen viel Spaß bereitet hat?
- Welche Dinge haben Ihnen schon immer Freude bereitet? Welche werden Ihnen in Zukunft Freude bereiten? Nennen Sie 3 Dinge!
- Wann in Ihrem Leben waren Sie am glücklichsten? Was haben diese Momente gemeinsam?
- Wenn es keine Beschränkungen geben würde, wie würde Ihr perfekter Tag aussehen? Welche Person wären Sie? Was würden Sie tun? Mit wem würden Sie es tun?
- Wie charismatisch schätzen Freunde, Bekannte oder Ihr Partner Sie ein?

- Was brauchen Sie auf jeden Fall, um glücklich zu sein?

Bei den Fragen 1,2 und 6 können Sie auch nahestehende Personen nach deren Einschätzung fragen. Sie werden überrascht sein, wie andere Sie sehen und einschätzen.

Achten Sie bei Ihren Antworten auf Ihre Wünsche und Ziele und schauen Sie, welche sich wiederholen. Diese markieren Sie mit einem Textmarker, denn das gibt Ihnen einen Hinweis, welches Ihre wirklichen Ziele im Leben sind.

Haben Sie nun die Fragen alle beantwortet, so legen Sie das Papier zur Seite. Verbringen Sie Zeit mit Ihren Lieben, entspannen Sie sich und denken Sie nicht mehr an die Fragen. Lassen Sie alles sacken und schauen Sie nach ein paar Tagen wieder auf Ihre Antworten. Sie werden überrascht feststellen, dass Sie Dinge ergänzen oder auch streichen können.

In den nächsten Wochen und Monaten sollten Sie die Augen besonders offenhalten, denn es kann sein, dass Ihnen Menschen begegnen, welche dieselben Interessen und Ziele haben, wie Sie selbst. Es werden sich Möglichkeiten für Sie ergeben, welche zuvor noch nicht da waren. Packen Sie diese beim Schopfe und nutzen Sie deren Potenzial, denn Sie sind nicht zufällig hier.

Um sich selbst zu finden hat es sich auch bewährt, einmal einen kritischen Blick auf sein Umfeld zu werfen. Welche Personen haben den meisten Einfluss auf Sie? Welche Personen sind jeden Tag um Sie herum? Wer hält Sie am meisten davon ab, Ihre Wünsche und Ziele zu erreichen? Welche Menschen hinterlassen ein positives Gefühl in Ihnen? Welche Personen laugen Sie aus und hinterlassen ein negatives Gefühl bei Ihnen?

Notieren Sie einmal alle Namen der Menschen, mit denen Sie täglich zu tun haben. Sie können auch Menschen aufschreiben, welche Sie vielleicht nur einmal in der Woche sehen, die aber dennoch einen großen Einfluss auf Sie ausüben. Schreiben Sie hinter jeden Namen ein Charaktermerkmal, welches diese Person am besten beschreibt. Was fällt Ihnen spontan ein, wenn Sie diesen oder jenen Namen hören? Schreiben Sie das hinter den Namen.

Gibt es auf Ihrer Liste auch negativ belegte Namen? Menschen, welche Ihnen mehr schaden, als nützen? Solche finden sich sicherlich auch auf Ihrer Liste.

Hinterfragen Sie sich nun genau: Möchten Sie mit diesen negativen Menschen weiter Kontakt haben? Menschen, welche Sie herunterziehen, Sie klein halten und Ihren Wünschen und Zielen im Weg stehen? Verbringen Sie nicht mehr so viel Zeit

mit diesen Personen! Gegebenenfalls streichen Sie diese Personen auch ganz aus Ihrem Lebensumfeld!

Verbringen Sie Ihre kostbare Zeit lieber mit Menschen, welche Sie in jeder Weise unterstützen und ein gutes, glückliches Gefühl in Ihnen hinterlassen.

Wenn Sie ernsthaft daran interessiert sind, Ihr echtes, wahres Ich zu finden, dann lassen Sie los, was Sie blockiert und herunterzieht! Bauen Sie Beziehungen zu Menschen auf, welche Sie in Ihrem Leben weiter bringen auf der Suche nach sich selbst.

Nun kommen wir zum „praktischen Teil“ unserer Tipps! Jetzt heißt es tun, nicht nur reden! Nur wenn Sie probieren, was Ihnen Spaß machen könnte, können Sie auch etwas finden, das Sie erfüllt. Hierfür schauen Sie bitte noch einmal auf die Selbstfindungsfragen aus Punkt 4. Probieren Sie die Dinge aus, die Sie auf die Liste geschrieben haben. So lernen Sie jeden Tag, Stück für Stück, immer mehr von sich kennen. Seien Sie allem Neuen gegenüber stets offen und neugierig, nur so können Sie fantastische neue Erfahrungen sammeln! Sollten Sie einmal feststellen, dass etwas nicht so gut funktioniert, dann werfen Sie nicht gleich die Flinte ins Korn! Überlegen Sie sich eine andere Herangehensweise oder denken Sie nach, ob dieser Wunsch seine Wurzeln in Ihrem eigenen Ego hat oder tatsächlich aus Ihrer Seele kommt.

Der nächste Tipp hat auch wieder mitmachen zu tun! Ziehen Sie hinaus, in die Welt! Besuchen Sie Orte, an denen Sie bis jetzt noch nie waren! Wer auf der Suche nach seinem inneren Selbst ist, der sollte sein gewohntes Umfeld, mit allen Menschen und

Routinen, verlassen. Suchen Sie neue Plätze auf! Sie müssen dazu nicht gleich ans Nordkap auswandern oder aus einem Flugzeug springen, es genügt, wenn Sie sich kleine Ziele stecken! Gehen Sie in einen Stadtteil, in welchem Sie noch nie waren. Oder besuchen Sie ein Seminar. Suchen Sie wechselnde Orte auf und beobachten Sie, welche Veränderungen sich daraus ergeben!

Der letzte Tipp befasst sich mit Ihren Ängsten! Fragen Sie sich ernsthaft: Wovor habe ich im Leben am meisten Angst? Gleichzeitig haben Sie aber das Gefühl, dass genau diese Sache Sie auf Ihrem Weg zu sich selbst entscheidend voranbringen wird. Schreiben Sie die Antwort auf!

Dass, wovor Sie sich am meisten fürchten ist wahrscheinlich ein Hinweis darauf, was Sie sich eigentlich wünschen. Sie müssen sich nun nicht gleich mit Ihrer größten Angst konfrontieren um zu sich selbst zu finden. Gehen Sie regelmäßig kleine Schritte, dann können Sie diese Angst mit der Zeit loslassen. Fordern Sie sich in Ihrem Alltag immer wieder selbst neu heraus. Wollen Sie etwas unbedingt machen, dann machen Sie es! Verlassen Sie Ihre Komfortzone und erfahren Sie so, was wirklich in Ihnen steckt!

Lassen Sie Ihre Maske fallen, seien Sie ganz Sie selbst (denn, Sie sind sich schon ein ganzes Stück näher gekommen mit unseren Tipps) und leben Sie endlich los! Leben Sie das Leben, welches Sie glücklich macht und ausfüllt!

Forscher haben ansteckende Begeisterung im Gehirn gefunden

„Nur wer selbst brennt, kann Feuer in anderen entfachen." (Augustinus von Hippo)

Was entscheidet eigentlich darüber, was wir gut finden und was wir mit anderen teilen möchten? Ist es die Begeisterung, wenn uns andere von etwas mit leidenschaftlicher Hingabe erzählen, welche uns mitreißt? Wissenschaftlern ist es nun gelungen, ein Hirnareal zu identifizieren, welcher aktiv wird, wenn wir etwas gut finden und unser Umfeld darüber informieren möchten. Veröffentlicht wurden die Ergebnisse im psychologischen Fachjournal „Psychological Science". Die Wissenschaftler wollten ergründen, was uns dazu veranlasst, manche Nachrichten und Neuigkeiten mit anderen teilen zu wollen und welche Nachrichten uns das nicht wert sind.

Dazu machten die Wissenschaftler Scans von den Gehirnen der Probanden, während andere Teilnehmer Ideen zu neuen Pilotsendungen im TV präsentierten. Die Probanden sollten sich in die Lage von Angestellten des Senders versetzen und entscheiden, ob sie die Idee für gut genug befanden, um sie ihrem „Chef", dem Produzenten, vorzustellen. Im Anschluss dann drehten die Teilnehmer ein Video zu jeder Serienidee, in welchem sie die Idee präsentierten. In die Rolle der Produzenten schlüpften dann weitere 79 Studienteilnehmer. Diese sollten die Videos sichten und entscheiden, welche Idee schließlich realisiert wird.

In den Gehirnscans zeigte sich dann bei den Probanden, welche das spätere Gewinner-Video zeigten, in einem bestimmten Hirnareal eine außergewöhnlich starke Aktivität. Diese starke Aktivität zeigt sich immer dann, wenn die Probanden zum ersten Mal von dieser Idee hörten. Diese Hirnregion wird als temporoparietale Übergangsregion (TPJ) bezeichnet, ist Teil des mentalen Netzwerks und Forscher glaubten schon längere Zeit, dass dieses Areal etwa bei guten Ideen, welche wir haben und anderen mitteilen wollen, aktiviert wird.

Dagegen riefen die Serien, welche von den Probanden als nicht so gut eingestuft wurden, eine viel geringere Aktivität in diesem Hirnareal hervor. Diese konnten auch die Produzenten nicht von sich und ihrem Video überzeugen. Bei den erfolgreichen Probanden war die PRJ-Aktivität viel höher als bei den Teilnehmern, welche nicht überzeugen konnten. Von den Psychologen wird dies gerne als der Verkäufer-Effekt bezeichnet. Die Wissenschaftler um Matthew Liberman und Emily Falk sagten nach Beendigung der Studie, dass sie nun eine genaue Landkarte des menschlichen Gehirns angefertigt hätten und so in der Lage seien, die Regionen ausfindig zu machen, welche für ansteckende Begeisterung zuständig sind und darüber entscheiden, ob jemand ein guter Verkäufer sein kann oder nicht.

Die Forscher fanden weiterhin heraus, dass dieses Mentalnetzwerk auch dafür zuständig ist, wie wir über die Gefühls- und Gedankenwelt unserer Mitmenschen denken. Demnach sind wir Menschen von Natur aus darauf aus, Informationen oder das Gesehene direkt zu prüfen, ob diese für andere Menschen in unserem Umfeld auch relevant sein könnten. Sie gehen davon aus, dass wir ständig auf der Suche nach Menschen sind, welche dies oder das lustig oder interessant finden könnten. Wir wollen unsere Informationen teilen, das ist die Natur unseres Gehirns!

Das eigene Selbstbild

„Der Mensch ist das einzige Lebewesen, das von sich eine schlechte Meinung hat." (George Bernard Shaw)

Relativ schnell nach unserer Geburt beginnt unser Gehirn seine Suche. Es sucht nach relevanten Informationen. Informationen wie: Wer bin ich, was bin ich, was kann ich, was möchte ich im Leben erreichen? Kurz gesagt, die elementaren Fragen des Lebens! Im Laufe des Heranwachsens werden wir dann vielfältig geprägt - durch unsere Eltern, Großeltern, durch Kindergärtnerinnen, Lehrer, Chefs, Freunde und sämtlichen Menschen, mit denen wir in Kontakt treten. Diese Prägungen erschaffen in uns falsche Glaubenssätze.

Geht man davon aus, dass etwa 87% der Informationen, welche wir täglich in den Medien sehen und hören, negativ sind, dann kann man sich ausmalen, dass jeder Mensch im Laufe des Lebens durch diese Überschüttung mit negativem selbst darauf konditioniert und programmiert wird, das Leben auch nur als negativ zu sehen (das Leben ist hart, ungerecht, gemein, unkontrollierbar etc.).

Diese negative Einstellung führt dazu, dass viele Menschen angstvoll in die Zukunft blicken. Sie sollten sich jedoch auf die Zukunft freuen, auf ihre Möglichkeiten und Chancen, welche die kommende Zeit bringen wird.

Viele der negativen Menschen sehen auch sich selbst nur in einem negativen Licht. Sie haben ein negatives Selbstbild und können daher nicht erwarten, dass sie in ihrem Leben Erfolge erzielen können.

Woher kommt aber dieses negative Bild von sich selbst? Was veranlasst uns Menschen, schlecht von uns selbst zu denken? Die Ursachen hierfür sind sehr vielfältig und liegen in unserer frühesten Kindheit, andere geschehen uns im Laufe unseres Lebens. Jedem von uns, irgendwann einmal. Dies sind ganz normale Dinge und Situationen, wie sie jeder Mensch einmal erlebt!

Ein negatives Selbstbild kann entstehen, wenn in Ihrem Umfeld alles negativ eingestellt ist. Ihre Familie besteht nur aus Pessimisten, für sie ist das Glas immer halb leer. Auch kann Ihnen Ihr außergewöhnliches Aussehen ein negatives Bild von sich vermitteln, etwa wenn Sie große Füße oder Segelohren haben. Natürlich bildet auch Vergangenes einen wichtigen Faktor beim Selbstbild. Wenn in der Familie Gewalt herrschte oder die Eltern Alkoholiker oder Drogenabhängig sind oder es sogar einen Fall von Missbrauch gab, dann kann sich das auch sehr negativ auf das Eigenbild von sich auswirken. Auch wenn wir in unserer Kindheit und Jugend von Autoritäten oder geliebten Menschen zurückgewiesen werden, kann sich das sehr negativ auf unsere Sicht auf uns auswirken. Später dann sind die Gründe etwa der Verlust eines Arbeitsplatzes, Schicksalsschläge, finanzielle Not. Der ständige Kontakt mit Negativem, Gewalt, Obszönität oder unmoralisches Verhalten kann auch unser Selbstbild verzerren. Und die letzte, sehr bedeutende Ursache: fehlende Liebe!

Alle diese Faktoren können daran schuld sein, wenn wir ein schlechtes, verzerrtes Bild von uns selbst haben!

Aber es gibt auch Menschen, welche über besondere Merkmale verfügen, welche sie gleich als schlecht über sich selbst denkend entlarven! Diese Menschen sind oft arrogant, überheblich oder extrem kritisch. Sie wollen immer im Mittelpunkt stehen und geben auch schon einmal den Pausenclown! Diese Personen reden ohne Unterlass, da sie davon überzeugt sind, dass ihre Worte sowieso keine große Bedeutung haben und sie wollen diesen Mangel durch Masse ausgleichen. Quantität statt Qualität! Menschen mit negativem Selbstbild können keine Komplimente annehmen. Diese Menschen zeigen sich monetär oft sehr großzügig und sie laden oft ein. Gerne neigen sie dabei zum Übertreiben! Sie wollen andere kaufen und so an sich binden. Menschen mit einem schlechten Bild von sich selbst haben oft Drogen- oder Alkoholprobleme oder verfügen über keinerlei ethischer oder moralischer Werter! Menschen mit schlechtem Selbstbild sind immer darauf aus, das

Negative zu finden. In Dingen, Menschen, Situationen. Sie denken selbst von sich, dass sie eh keine Erfolge erreichen werden und versuchen den anderen Menschen in ihrem Umfeld ihre erreichten Erfolge schlecht zu reden. So wollen sie die Distanz zwischen ihrem unbedeutenden Leben und dem Leben der Erfolgreichen verringern und ihnen so näher sein. Auch zeigen sich diese Menschen oft in sehr auffälliger Kleidung. Um die Beachtung der anderen Menschen zu erlangen und nichts dafür tun zu müssen, greifen diese Leute gerne zu bunten, auffälligen Kleidern, um so auch mit fehlendem Selbstwertgefühl in den Mittelpunkt zu rücken. Dies sind alles Merkmale von Menschen mit negativem Selbstbild. Jedoch werden die Anlagen, welche später über unser Selbstbild entscheiden, in den ersten 7 Jahren unseres Lebens gelegt!

Die beste Version von Ihnen selbst!

„Wer einmal sich selbst gefunden hat, kann nichts auf dieser Welt mehr verlieren.“ (Stefan Zweig)

Zuerst machen Sie eine Bestandsaufnahme! Spüren Sie, dass Sie ja schon alles in sich haben, was Sie dazu brauchen, zur besten Version von sich selbst zu werden! Erinnern Sie sich daran! Alles was Sie sich wünschen ist bereits in Ihnen! Es ist nicht dort draußen, in der weiten Welt! Wenn Ihr Glück im Leben von externen Faktoren abhängt, dann werden Sie es nie erreichen! Die wahrhafte Kraft im Inneren entsteht aus der Überzeugung, dass Sie selbst es sind, der Schlüssel zum erfolgreichen, glücklichen Leben!

Nun finden Sie heraus, was Ihnen im Weg steht auf Ihrem Selbstfindungsprozess. Werden Sie sich bewusst, welche Eigenarten und Gewohnheiten Sie auf Ihrem Weg aufhalten. Gerne können Sie hierfür auch eine Person Ihres Vertrauens hinzuziehen, diese sehen Ihre Eigenschaften mit anderen Augen! Sehr oft hält uns der Selbstzweifel davon ab, zu der Person zu werden, die wir schon immer sein wollten. Diese Eigenschaft verhindert, dass Sie sich entfalten können und Ihr Potenzial voll nutzen können. Um Ihre Selbstzweifel unter Kontrolle zu bekommen, kann es Ihnen helfen, dass Sie sich eine Liste anfertigen. Notieren Sie in Ihr all die großartigen Dinge, welche Sie schon getan haben. Suchen Sie nach Beweisen für Ihren Erfolg! Um Ihre Liste abzurunden, fragen Sie Freunde und Bekannte nach ein paar Eigenschaften, welche Sie an Ihnen bewundern. Notieren Sie auch diese!

Eine weitere Eigenschaft, welche Sie lähmen kann ist das Aufschieben! Das ist ein Phänomen, dass in unserer Zeit an Brisanz gewonnen hat. Die Generationen vor uns waren von dieser Eigenschaft nahezu verschont, doch heutzutage ist das Aufschieben oder vor sich herschieben eine Massenkrankheit geworden. Erst schiebt man etwas eine Stunde auf, dann noch eine und, ehe man es sich versieht, steht man unter unglaublichem Druck, um die Arbeit rechtzeitig fertigzubekommen. Finden Sie die Gründe, warum Sie etwas Aufschieben. Überdenken Sie Ihre Sichtweise darauf und schaffen Sie Abhilfe! Teilen Sie sich Ihre Arbeit in mehrere Teile ein und planen Sie nach jedem erreichten Teil eine kleine Pause ein. Arbeiten Sie in einer Umgebung, in welcher Sie sich wohlfühlen und welche an Außenreizen arm ist.

Finden Sie Ihren persönlichen Sinn im Leben! Jeder Mensch hat einen besonderen Sinn und diesen gilt es zu finden! Um zu der Person zu werden, die Sie schon immer sein wollten, kann es hilfreich sein, wenn Sie eine Bewertung Ihrer Fähigkeiten durchführen. Dazu stellen Sie sich folgende Fragen:

- Für was stehen Sie morgens auf? Was lässt Sie Lebendigkeit spüren?
- Was machte Ihnen in der Schule besondere Freude? Welches Wissen würden Sie gern vertiefen?
- Welche Jobs füllten Sie bisher aus?
- Bei was können Sie sich ganz vergessen? Was lässt Sie die Zeit vergessen?

- o Welche Fähigkeiten sprechen Ihnen die anderen zu?
- o Was begeistert oder überzeugt Sie am meisten?
- o Auf was in Ihrem Leben können Sie gar nicht verzichten?

Werden Sie sich der Dinge bewusst, welche Sie in Ihrem Leben haben möchten, welche Ziele Sie erreichen möchten und glauben Sie an Ihren Erfolg! Stellen Sie sich die Situation vor Ihrem geistigen Auge vor. Wie fühlen Sie sich? Vor was haben Sie Angst? Sind Sie gerade glücklich? Versuchen Sie, auf so viele Details wie möglich zu achten. Das können Merkmale der Umwelt sein, wie Gerüche oder Geräusche, aber innere Wahrnehmungen, wie Ihre Empfindungen oder Gedanken. Beachten Sie so viel wie möglich davon und sehen Sie es vor Ihrem inneren Auge. Wie fühlen Sie sich, als Sie die Aufgabe bewältigt haben? Welche Gefühle herrschen in Ihnen?

Visualisieren sie so Ihr zukünftiges Leben! Je öfter Sie diese Übung durchführen, desto einfacher wird es Ihnen fallen. Sie werden immer mehr Details wahrnehmen und bald schon Veränderungen spüren können. Für die Visualisierung ist es hilfreich, wenn Sie in einen ruhigen Raum gehen und sich bequem hinsetzen. Schließen Sie Ihre Augen. Atmen Sie zuerst ein paar Mal tief durch. Dann begeben Sie sich auf die Reise zu Ihren Zielen, Ihrem wahren, echten Selbst!

Auf dem Weg zur besten Version Ihrer selbst ist es hilfreich, wenn Sie sich nicht (mehr) mit anderen Menschen vergleichen. Sie sind Sie und nicht die anderen! Sie sind gut so wie Sie sind! Akzeptieren Sie sich mit all Ihren Fehlern und Makeln und rennen Sie nicht unerreichbaren Zielen hinterher! Sehen Sie das Positive im Leben, nicht das Negative! Gehen Sie offen und ohne Vorurteile auf neue Menschen zu! Verurteilen Sie niemand nur anhand von Äußerlichkeiten! Hören Sie auf mit Schubladendenken! Lassen Sie sich von niemandem beeinflussen und bilden Sie sich immer Ihre eigene Meinung! Lernen Sie aus Ihren Fehlern und werden Sie so zu einer besseren Version Ihrer selbst! Verwirklichen Sie Ihre Träume- egal, was andere sagen!

Die eigene Ausstrahlung erhöhen

„Wer sich ständig kontrolliert und anpasst, hat keine Ausstrahlung."
(Renate Schmidt)

Mangelndes Selbstbewusstsein- die meisten werden es kennen. Gesenkter Kopf, schlurfender Gang, herunterhängende Mundwinkel, das sind die Merkmale eines Selbstzweiflers!

Jedoch sind rein optische Merkmale nichts, was Ihre Ausstrahlung erhöhen kann. Die echte Ausstrahlung, welche von innen kommt und einen Menschen beinahe leuchten lässt.

Das erste, das uns ins Auge sticht, wenn wir einen Menschen neu kennenlernen ist seine äußere Erscheinung. Das ist nun einmal so. Doch, hier ist nicht gemeint, wie sich jemand kleidet, schminkt oder frisiert, sondern welche Körperhaltung jemand einnimmt. Steht er mit hängenden Schultern da? Verschränkt die Arme vor der Brust? Oder betritt er einen Raum in absoluter Aufrichtung mit maximaler Körperspannung? Diesen Typ Menschen wollen wir kennen lernen, dieser Typ interessiert uns eher, als dieser Schlaffi mit den hängenden Schultern. Vielleicht kann aber der Schlaffi gar nichts für seine schlechte Körperhaltung, er wurde einfach von Mutter Natur damit nicht gesegnet. Deshalb sollten Sie sich immer den alten, weisen Spruch ins Gedächtnis rufen: „Bauch rein- Brust raus!“. Steckt schon viel Wahres darin! Überprüfen Sie Ihre Körperhaltung und gegebenenfalls korrigieren Sie sich! Vermeiden Sie es auch, Ihre Arme vor der Brust zu verschränken. So signalisieren Sie Ihrem Gegenüber Unsicherheit und Verspanntheit. Auch die Schultern sollten Sie nicht hängen lassen.

Um mehr Ausstrahlung zu erhalten, seien Sie offen und zeigen Sie Ihrem Gegenüber Ihre Gefühle! Seien Sie an seinem Leben interessiert und hören Sie ihm zu. Vielleicht findet sich im Gespräch die ein oder andere Gemeinsamkeit. Das wäre ein weiterer Punkt, der Ihre Ausstrahlung erhöhen kann! „Kleider machen Leute!“. Auch wenn Sie das vielleicht nicht so sehen und vielleicht nun mit dem Einspruch kommen, das wäre oberflächlich, dann liegen Sie nicht ganz richtig. Es ist nun einmal erwiesen, dass man einen verpatzten ersten Eindruck so gut wie nicht mehr revidieren kann! Schöne, passende Kleidung verbessert die Ausstrahlung ebenfalls.

Verlassen Sie Ihre Komfortzone und stellen Sie sich jeden Tag neuen Herausforderungen! Gehen Sie gegen Ihre tägliche Routine an und erweitern Sie Ihre Grenzen! Übernehmen Sie Verantwortung für alles in Ihrem Leben! Sie können sich so auch von Altlasten befreien, welche Sie im Moment vielleicht noch blockieren.

Wie beurteilen die anderen meine Sympathie?

„Manch einer glaubt, beliebt zu sein, aber man hat sich nur an seine Art gewöhnt." (Upton Sibclair)

Sympathie ist ein unglaublich fragiles Geschöpf! Sympathien vergeben wir, wenn jemand Gemeinsamkeiten mit uns hat, welche Signale sie aussendet (Körpersprache) und wie empathisch diese Person anderen gegenüber ist. Machen wir nun aber einen kleinen, aber entscheidenden Fehler, dann ist diese Sympathie dahin! Lügen und manipulieren, das sind die Todfeinde der Sympathie! Ehrlichkeit dagegen ihr größter Freund! Finden andere heraus, dass man sie anlügt oder bei etwas mogelt, so schlagen die ehemals warmen Gefühle, welche ein anderer für uns hat, ganz plötzlich in eine ungeheure Kälte um! Dieses Phänomen wird auch die Tomatenregel genannt. Warum? Na, ganz einfach, Sie hegen und pflegen Ihre Tomaten im Garten das ganze Jahr über. Diese wachsen und gedeihen und bringen schöne rote Früchte. Doch, dann kommt eine einzige, kalte Nacht und Ihre Tomaten sind hin. So verhält es sich auch mit der Sympathie, welche ein anderer für uns hegt. Ein einziger Fehltritt und die Sympathie ist auch dahin!

Wie beurteilen andere meinen Einfluss?

„Die menschliche Natur ist schwach,
der Einfluss der Umgebung stark."
(Sir Arthur Conan Doyle)

Haben Sie schon einmal etwas von der „Heldenregel" gehört? Nein? Dann werde ich sie hier ausführen: Sie sagt aus, dass der Beweis von Charakterstärke, Fertigkeiten und Fähigkeiten ausreicht, um auf lange Sicht charismatischer zu werden.

Diese Heldentat kann überall stattfinden, sie ist an

keine Orte oder Bedingungen geknüpft.

Die Heldentat kann von jeder Person ausgehen.

Einfluss wird durch selbstbewusstes Auftreten, monetäre Statussymbole oder auch die Reaktionen der anderen beurteilt. Aber auch physische Kraft kann Einfluss ausdrücken. Keiner würde einem 2m großen Mann die Attribute Selbstbewusstsein, Souveränität oder auch handwerkliches Geschick absprechen.

Eine weitere Frage, welche in diesem Zusammenhang auftaucht: Wie hoch ist die Wahrscheinlichkeit, dass die Person das ihr zugeschriebene auch wirklich tut? Ein Mensch kann vielschichtige Fähigkeiten und Fertigkeiten haben, sozialen Einfluss und finanzielle Mittel, doch, wenn er faul, phlegmatisch oder unmotiviert ist, dann sinkt sein Einfluss unweigerlich.

Einfluss und Sympathie hängen untrennbar zusammen. Je mehr Einfluss jemand hat, desto weniger Sympathie wird er ernten. Das nennt sich auch der hydraulische Effekt! Jemand, der sich immer durchsetzt, sich vielleicht sogar gegen die Entscheidung einer Gruppe stellt, der wird sicher von allen respektiert, doch die wenigsten wollen nicht mehr Zeit mit diesem Menschen verbringen, als unbedingt nötig. Ein gutes Beispiel ist ein hart durchgreifender Chef! Er haut auf den Tisch, befiehlt seinen Angestellten und wirkt dabei immer kalt und unnahbar. Was denken Sie von solch einem Chef? Möchten Sie sein bester Freund sein? Bestimmt nicht! Wenn wir Einfluss geltend machen, dann müssen wir dies immer mit Sympathie in der Balance halten.

Um mit den Haien schwimmen zu können, muss man einer von ihnen werden! Wollen Sie in Ihrer beruflichen Karriere weiterkommen, so müssen Sie als einflussreich gelten.

Daher empfiehlt es sich, je nach Situation, nicht immer nur nett zu sein. Sie laufen sonst Gefahr, von Ihren Mitmenschen oder Arbeitskollegen nicht respektiert zu werden, wenn Sie ein Problem haben, sich durchzusetzen. Sympathie hat nichts damit zu tun, der Fußabtreter für andere Menschen zu sein!

Sympathie kann uns dabei helfen, einflussreicher

zu werden. Durch Sympathie ist es uns möglich, andere auf unsere Seite zu ziehen, Unterstützung zu finden und so einflussreicher zu werden.

Kleider machen Leute!

„Die Außenseite eines Menschen ist das Titelblatt des Inneren.“
(Sprichwort)

Wir haben bereits gelesen, dass Gemeinsamkeiten das Charisma erhöhen. Dies können wir auch bei der Kleidung feststellen. Menschen mit ähnlichem Kleidungsstil werden sich immer zueinander hingezogen fühlen. Wenn wir einen Menschen mit ähnlicher Kleidung sehen, wie wir sie selbst tragen, so denken wir automatisch, der ist einer von uns! Gleiches Aussehen schafft ein Wir-Gefühl! Was denken Sie, steckt dahinter, dass es in manchen Ländern noch eine Schuluniform gibt? So soll die

Zusammengehörigkeit und das Wir-Gefühl gestärkt werden! Gleichzeitig jedoch wird dem Individuum genau dies damit abgesprochen! Die Kinder in Schuluniform sind keine eigenständigen Individuen mehr, sondern eine „Masse“. Das ist jedoch ein Beispiel, welches die extremste Form des gleichen Kleidungsstils erklärt. In der Regel tragen wir ja keine Uniformen, außer natürlich die Staatsbediensteten (Polizei, Feuerwehr, Sanitäter etc.).

Jedoch gibt es einen klaren Zusammenhang zwischen gleicher Kleidung und Sympathie bzw. Charisma. Aber auch die Qualität der Kleidung kann einem Menschen zu mehr Ausstrahlung verhelfen! Jeder Mensch sollte in der Lage sein, „billige“ Kleidung von hochwertigen Kleidungsstücken zu unterscheiden. Und die meisten werden dies auch können.

Machen Sie doch einmal einen Versuch: Werfen Sie sich in Ihren alten Jogginganzug, dazu tragen Sie die ausgelatschten Turnschuhe vom letzten Jahr, kämen sich die Haare nicht durch und legen Sie keine Schminke auf. Nun gehen Sie in die Stadt und sprechen Menschen an. Fragen Sie nach dem Weg oder nach Feuer für Ihre Zigarette. Achten Sie darauf, wie die Menschen, welche Sie ansprechen, auf Sie reagieren. Prägen Sie sich die Reaktionen ein, alternativ können Sie sich auch Notizen machen.

Nun ziehen Sie sich um. Tragen Sie das Business Kostüm oder ein anderes, hochwertiges Kleidungsstück. Dazu tragen Sie nicht zu hohe, saubere Schuhe, schminken Sie sich, aber dezent. Die Haare nicht vergessen zu stylen und vielleicht noch ein kleiner Spritzer Ihres Lieblingsparfums. Gehen Sie wieder in die gleiche Stadt, an den etwa identischen Platz. Fragen Sie wieder wildfremde Personen nach etwas. Wie reagieren diese Menschen nun auf Sie? Welche Veränderung können Sie spüren? Wie fühlen Sie sich, im Vergleich zu dem 1. Versuch?

Sie werden, wenn Sie beide Erfahrungen reflektieren, sicherlich gemerkt haben, dass die Menschen beim 2. Versuch offener auf Sie zugegangen sind. Sie waren sicher freundlicher und hilfsbereiter. Und Sie? Haben Sie sich beim 1.

Versuch wohl in Ihrer Haut gefühlt? Hatten Sie die gleiche Körperspannung in der „verlotterten" Kleidung, wie Sie sie in der schönen Kleidung hatten? Waren Sie in Ihrem alten Jogginganzug Selbstbewusst? Hatten Sie in ihm die gleiche klare Aussprache wie in Ihrem schönen Business-Kostüm?

Was Sie hier sicher feststellen können ist, dass es eben doch einen Zusammenhang zwischen guter, schöner Kleidung, dem allgemeinen Style und der Ausstrahlung eines Menschen gibt! Sie konnten es selbst erleben bei Ihrem Versuch!

„Kleider machen Leute"- schon die Alten wussten, dass dieser Ausspruch zu 100% wahr ist! Sie kannten die geheimen Beziehungen zwischen Ausstrahlung und ordentlicher Kleidung, einem sauberen Erscheinungsbild. Wir Menschen machen uns anhand von äußeren Erscheinungen unser Bild vom Gegenüber. Das geschieht meist in den ersten Sekunden, wenn wir jemand neues kennenlernen. Der erste Eindruck prägt das Bild von unserem Gegenüber in unserem Kopf! Und dieser erste Eindruck sollte immer positiv sein, denn ein erst einmal schlechter erster Eindruck ist so gut wie nicht mehr zu revidieren! Selbst wenn Sie sich beim nächsten Treffen mit dieser Person in die teuerste Robe hüllen und sich mit Gold und Diamanten \`behängen\`, er wird immer einen negativen ersten Eindruck von Ihnen im Kopf haben.

Auch haben wir selbst eine andere Präsenz, wenn wir uns wohl gekleidet wissen. Unsere Körperspannung wird höher, wir gehen aufrechter, sprechen deutlicher und lauter, unser Wortschatz wird erweitert. Wir signalisieren so unserem Gegenüber, dass wir über einen bestimmten Status verfügen. Wir wissen um unsere Wirkung und dies lässt uns selbstbewusster werden.

Aber Kleidung alleine macht noch keine positive Ausstrahlung! Dazu muss das Gesamtpaket stimmen! Ein gepflegtes Äußeres, saubere Fingernägel, dezente Schminke, unaufdringlicher Schmuck- das alles zählt zum äußeren Erscheinungsbild und fällt unserem Gegenüber als Erstes an uns auf. Deshalb achten Sie immer genau auf Ihren Style! Lieber einmal zu viel in den Spiegel geschaut, als eine Chance verpasst! Aber, auch zu viel des Guten ist nicht förderlich! Wenn Sie in allen Farben des Regenbogens gekleidet, mit Zentimeter dicker Schminkschicht irgendwo auftauchen können Sie schnell zur Lachnummer des Jahres werden! Hier müssen Sie ein gewisses Händchen entwickeln! Doch, mit der Zeit wird Ihnen das passende Quantum in Fleisch und Blut übergehen und Sie müssen gar nicht mehr über zu viel oder zu wenig nachdenken. Sie werden Ihren persönlichen, unverwechselbaren Style finden und sich so Ihre positive Ausstrahlung sichern!

Es wurde auch schon die Körperhaltung angesprochen. Diese fällt natürlich auch zuerst ins Auge und ist deshalb so wichtig! Gehen Sie nicht mit hängenden Schultern durch die Welt, ziehen Sie Ihre Mundwinkel nicht nach unten, halten Sie den Kopf nicht gesenkt und heben Sie Ihre Beine beim Gehen vom Boden ab. Das sind schon einmal die Grundsätze. Wenn Sie diese beherzigen haben Sie schon die halbe Miete! Signalisieren Sie Ihrem

Gegenüber, dass Sie über genügend Selbstbewusstsein verfügen, indem Sie eine aufrechte, offene Haltung einnehmen! Verschränken Sie niemals die Arme vor der Brust, das könnte Ihrem Gegenüber nämlich genau das Gegenteil über Sie sagen- nämlich, dass Sie ängstlich und verspannt sind, und nicht so selbstbewusst, wie Sie gerne wären.

Lächeln Sie! Lächeln lässt ein Gesicht erst richtig zur Geltung kommen! Ein ehrliches, von Herzen kommendes Lächeln ist ein sehr mächtiges Werkzeug! Hüten Sie sich davor, ein falsches Lächeln aufzusetzen! Die meisten Menschen erkennen ein aufgesetztes Lächeln und so werden Sie nicht zu mehr Ausstrahlung kommen.

Sie können dieses Phänomen auch beim Telefonieren feststellen. Gerade über das Telefon, wo man den Anderen nicht visuell sehen kann, ist es sehr deutlich zu bemerken, ob der Andere lächelt beim Reden oder nicht.

Gerne könne Sie das überprüfen, indem Sie sich einen Spiegel neben Ihr Telefon legen. Bei einem Gespräch schauen Sie in den Spiegel und lächeln, aufrichtig und aus tiefstem Herzen. Ihr Gesprächspartner wird dies in Ihrer Stimme bemerken und so positiv auf Sie reagieren.

Mit dem Spiegel lässt sich Lächeln auch sehr gut trainieren- Stars und Moderatoren tun dies auch. So ist es ihnen möglich, jederzeit ein Lächeln, welches ernst gemeint ist, abzurufen.

Auf dem Weg zu mehr Charisma ist Ihre Sprache ein weiteres mächtiges Werkzeug! Nicht unbedingt die Quantität, sondern die Qualität! Wenn Sie sich zu einem Thema unsicher sind, dann sagen Sie lieber gar nichts dazu. Es nervt ungemein, wenn jemand ständig plappert, ohne etwas zu sagen. Wenn Sie etwas sagen, dann sollte das immer Hand und Fuß haben. Versuchen Sie nicht, durch Halbwissen zu glänzen! Dieser Schuss geht immer nach hinten los!

Aber nicht nur die Qualität des Gesagten ist wichtig, es ist auch Ihre Klangfarbe und wie Sie einzelne Wörter betonen.

Sympathien kann man auch erlangen, indem man Aussagen andere Personen imitiert. Verstellen Sie

Ihre Stimme und benutzen Sie dafür die wörtliche Rede. Variieren Sie auch die Lautstärke - etwas flüstern Sie, etwas schreien Sie beinah heraus. Gerne können Sie auch die Stimmen in Ihrem Kopf zum Besten geben. Menschen, welche dies tun gelten als besonders charismatisch.

Bei all diesen Versuchen, mehr Charisma zu erhalten, halten Sie sich immer vor Augen, dass Sie diese Werkzeuge nicht zu übertrieben einsetzen-denn, dann arbeiten Sie gegen sich und Ihre Ausstrahlung!

Was hat die Ernährung mit Charisma zu tun?

„Die Basis unseres Seins ist die Ernährung.“ (Johann Lafer)

Das beantwortet die Frage eigentlich schon!

Gesundheit und Vitalität kann unser Körper nur ausstrahlen, wenn wir ihm täglich genügend ausgewogene Nährstoffe zur Verfügung stellen. Unser Speiseplan sollte genügend Kohlenhydrate, Fette, Eiweiße, Vitamine, Spurenelemente, Mineralien, Enzyme und sekundäre Pflanzenstoffe bieten. Nur dann kann unser Körper vital und gesund sein.

In unserer heutigen, schnelllebigen Zeit bleibt diese Versorgung mit allem wichtigen oft auf der Strecke! Es wird vermehrt zu Döner und Co. gegriffen, viele Nahrungsmittel werden mit giftigen Pestiziden bespritzt und die Umwelt trägt auch noch ihren Teil dazu bei!

Im Auftrag des Bundesministeriums für Ernährung, Landwirtschaft und Verbraucherschutz wurde eine Studie in Auftrag gegeben. Diese wurde an 20000 Teilnehmern durchgeführt. Die Probanden waren zwischen 14-80 Jahren alt. Diese nationale Verzehrstudie brachte folgende Ergebnisse:

- 82% der Befragten essen zu wenig Gemüse pro Tag
- 80% der Probanden nehmen zu wenig Vitamin D in

Der Nahrung zu sich.
- 60% essen zu wenig Obst pro Tag
- 50% der Teilnehmer essen zu wenig Vitamin E-haltige Nahrung

Diese Studie zeigt erschreckende Tendenzen in unserer Ernährung auf! Unserem Körper fehlt es zunehmend an Nähr- und Vitalstoffen. Dieses Defizit ist dafür verantwortlich, dass Stoffwechselvorgänge in unserem Körper nicht mehr richtig ablaufen können und wir nicht die komplette Leistungsbereitschaft und Vitalität aus ihm herausholen können. Diese Unterversorgung kann schnell körperliche Beschwerden hervorrufen. Diese können sein: Müdigkeit, Verspannungen, Antriebslosigkeit, Schlafstörungen, Verdauungsprobleme oder auch Kopfschmerzen. Bekämpft werden diese Beschwerden dann mit Medikamenten, anstatt sich einfach bewusster zu ernähren.

Um also mehr Energie zu haben und eine bessere Ausstrahlung zu bekommen, lohnt es sich immer, die

Ernährung zu optimieren und zu überdenken. Greifen Sie nicht zu Medikamenten oder Nahrungsergänzungsmitteln! Gestalten Sie Ihren Speiseplan möglichst abwechslungsreich und verzichten Sie auf industriell hergestelltes Fertigessen! Essen Sie viel Obst und Gemüse (5 Portionen am Tag) und Bewegen Sie sich, nach Möglichkeit, an der frischen Luft.

5. WAS SIND BLOCKADEN UND WELCHE WIRKUNG HABEN SIE AUF MEIN CHARISMA?

„Das Glück Deines Lebens hängt von der Beschaffenheit Deiner Gedanken ab." (Marc Aurel)

Blockaden haben einen sehr großen Einfluss auf unseren Erfolg und die allgemeine Lebensauffassung. Die ersten Blockaden entstehen in einem Menschen meist bei der Geburt. Blockaden sind nichts anderes, als störende Steine auf unserem Weg zu Glück! Blockaden mindern unsere Lebensqualität! Viele Blockaden entstehen auf unserm Weg zum Erwachsenwerden, denn da sind wir am empfänglichsten für äußere Einflüsse. Blockaden werden uns von anderen, meist uns nahestehenden Personen in uns gepflanzt. Blockaden hindern uns daran, der Mensch zu sein, der wir eigentlich sein wollen.

Innere Blockaden finden sich immer in allen Teilen unseres Seins. Sie spiegeln sich wieder in der Energie. Feststellen können Sie dies, indem Sie ein paar tiefe, langsame Atemzüge machen. Merken Sie eine Abweichung in den Atemzügen? Dies deutet auf eine Blockade hin.

Aber auch in unseren Gedanken zeigt sich eine Blockade. Denkweisen und energetische Blockaden gehen immer miteinander einher. Immer wenn Sie verstörende, unkontrollierte Gedanken heimsuchen wird die Ursache dafür in einer Blockade liegen. Denkmuster und energetische Blockaden gehen immer eine Wechselwirkung ein, sie bedingen einander.

Und auch der Körper bleibt von den inneren Blockaden nicht verschont! Gerade Verspannungen in der Wirbelsäule deuten auf Blockaden hin. In extremen Fällen können auch Organe von den inneren Blockaden betroffen sein.

All diese inneren Blockaden bestimmen unsere Art

zu leben. Wir entscheiden nicht mehr frei darüber und treffen Entscheidungen, welche wir so eigentlich nicht treffen wollten. Dadurch hindern uns Blockaden, ein Leben zu führen, wie wir es uns vorstellen!

Wie kann ich Blockaden wieder lösen?

„Die Werkzeuge des Geistes werden zu Ballast, wenn die Umgebung, die sie notwendig gemacht hat, nicht mehr existiert.“ (Henry Bergson)

Um nun diese Blockaden zu lösen und mehr zu dem Menschen zu werden, der man eigentlich sein möchte, gibt es viele Wege! Aber diese Wege müssen auch beschreitbar für den „normalen“ Menschen sein. Es nützt nichts, wenn diese oder jene Übung z.B. mit unserer Arbeitszeit kollidiert. Hier wird Ihnen im Folgenden eine Möglichkeit von vielen gezeigt. Wenn

Sie diese Übungen für sich wählen, dann sollten Sie beachten, dass Sie nicht „gegen bestimmte Blockaden" vorgehen können. Damit würden Sie sich zu sehr darauf konzentrieren und so würden Sie die Blockade durch verstärkte Aufmerksamkeit noch vertiefen. Führen Sie diese Übungen möglichst regelmäßig durch! So werden Sie die kleinen Schritte bemerken, welche Ihr Leben in eine positive Zukunft lenken. Beginnen Sie die Übungen immer morgens, gleich nach dem Aufstehen. Gehen Sie dabei Schritt für Schritt, wie beschrieben, vor.

1. Tun Sie Ihrem Körper etwas Gutes! Lockern Sie Ihre Muskulatur, dehnen Sie und strecken Sie sich! Gerne können Sie auch Yoga oder andere Körperübungen
2. machen. Nur wenn Ihr Körper entspannt ist können sich auch Ihre Gedanken entspannen. So können Sie energetische Blockaden lockern.
3. Atmen Sie bewusst! Durch tiefes, langsames Atmen beruhigen Sie sich, Sie bringen Ihren Energiehaushalt wieder in die Balance und die

Anspannung fällt von Ihnen ab.

Gehen Sie wie folgt vor: Schließen Sie die Augen. Setzen Sie sich auf ein bequemes Möbel Ihrer Wahl. Aufrechte Körperhaltung. Nun atmen Sie lange und tief durch die Nase ein. Zählen Sie in Gedanken mit. Dann atmen Sie in gleicher Weise wieder durch die Nase aus. Atmen Sie so lange aus, wie Sie auch eingeatmet haben. Diese Übung machen Sie für 5 Minuten, mindestens.

4. Haben Sie diese Übung an ein paar Tagen hintereinander durchgeführt, können Sie den nächsten Schritt gehen. Nun atmen Sie immer, Stück für Stück, länger aus, als Sie eingeatmet haben. Dies erhöhen Sie so lange, bis Sie es schaffen, doppelt so lange auszuatmen als wie Sie eingeatmet haben.
5. Beobachten Sie Ihre Gedanken! Aber tun Sie das aus der Entfernung, wie ein stiller Beobachter. Wenn Sie dies lang genug machen, dann werden die Gedanken immer schwächer. Sie können sich so zusammen mit Ihrer energetischen Blockade auflösen. Das müssen Sie tun:.

Setzen Sie sich in gleicher Weise wie bei der ersten Übung hin (aufrecht, bequem, Augen geschlossen, tief durch die Nase atmen). Nun stellen Sie sich vor, Ihre Gedanken wären an einem Ballon befestigt. Sie schweben vor Ihrem inneren Auge an Ihnen vorbei. Sie beobachten Sie, jedoch beachten Sie sie nicht. Dies machen Sie so lange wie Sie das möchten. Sie werden feststellen, dass Sie so nach einiger Zeit gelernt haben, wie Sie Ihre Gedanken kontrollieren und beruhigen können. Führen Sie diese Übung regelmäßig durch und Sie werden bemerken, dass Sie glücklicher und zufriedener sind. Sie besitzen mehr Energie und sind zielstrebiger!

Dies war eine Möglichkeit, seine inneren Blockaden zu lockern oder zu lösen. Eine weitere Methode kann es sein, sich mit genau diesem zu konfrontieren, was die Blockade verursacht. Haben Sie vielleicht Angst vor Menschen? Dann gehen Sie hinaus, verlassen Sie Ihre sichere Komfortzone und stellen Sie sich Ihrer Blockade! Sie müssen nicht gleich die Münchner Wiesn besuchen, fangen Sie klein an und steigern Sie sich von Mal zu Mal. Denken Sie nicht groß darüber nach- tun Sie es einfach! Stellen Sie sich neuen Herausforderungen und wachsen Sie daran! Dies wird nicht nur Ihre Blockade Schritt für Schritt lösen, es wird auch Ihrem Selbstbewusstsein einen gehörigen Schub nach vorne verleihen!

Scham und Schuld

„Die Unschuld errötet, die Prüderie schämt sich." (Alexander Engel)

Scham entsteht meist in unserer Jugend. Es fällt uns schwer, darüber zu reden, denn alleine darüber zu reden belegt uns schon mit Scham. Haben wir nun nicht gelernt, in unserer Jugend unsere Scham abzulegen und gerät diese daraufhin außer Kontrolle, so können Depressionen oder Essstörungen daraus hervorgehen. Auch können diese Menschen später sehr schlecht mit Kritik umgehen. Sie nehmen alles Gesagte als Persönlichen Affront und sind oft sehr nachtragend. Dadurch entstehen später Probleme im Beruf, in der Beziehung und auf der sozialen Ebene.

Schuld hingegen liegt immer außen begründet. Plagen einen Schuldgefühle, so kann man diese meistens mit einer ernst gemeinten Entschuldigung aus der Welt schaffen.

Das Schamgefühl jedoch reicht tief hinein. Hier heißt es, Fingerspitzengefühl beweisen beim Ergründen der Scham. Hier hat das Selbstbewusstsein bereits einen Knacks und es braucht mehr als eine Entschuldigung um dieses Gefüge wieder zu kitten.

Doch ein schlechtes Gewissen ist per se noch kein Verbrechen, im Gegenteil. Stellen Sie sich einmal folgendes Szenario vor Ihrem geistigen Auge vor: Jeder tut und lässt, was er für richtig hält. Kein Mensch kennt so etwas wie ein Gewissen, schon gar kein schlechtes. Es gibt keine Normen und Werte, jeder lebt für sich und ist glücklich damit. Was wäre das für eine Welt? Würden Sie in dieser Welt leben wollen? Ich auch nicht!

Deswegen ist ein schlechtes Gewissen (zu haben) gar nicht so schlecht, wie es oft gesehen wird!

Wenn Sie jedoch mit Ihrem schlechten Gewissen Frieden schließen wollen, dann nehmen Sie sich an, so wie Sie sind. Seien Sie offen und ehrlich zu sich selbst, finden Sie heraus, was Sie wirklich wollen und wer Sie sind und leben Sie ganz konsequent danach! Lassen Sie sich nicht von falschen Schönheitsidealen oder sonstigen äußeren Botschaften beherrschen, sondern entscheiden Sie für sich was Sie wollen, was wichtig ist, wohin Ihre Reise geht!

Der Energievampir

„Alles im Leben hat seinen Preis,
auch Dinge, von denen man glaubt,
man bekommt sie geschenkt."
(Theodore Fontane)

Jeder von Ihnen kennt mindestens einen Energievampir. Glauben Sie nicht? Dann denken Sie mal ganz genau nach! Einen Energievampir erkennen Sie daran, dass er es schafft, Ihnen innerhalb kürzester Zeit sämtliche (Lebens-) Energie „abzusaugen“. Nach einem Treffen mit einem Energievampir fühlen Sie sich ausgelaugt, erschöpft, verärgert und minderwertig.

Erkennen können Sie einen Energievampir an den nun folgenden Eigenschaften.

Der Energievampir weiß alles besser! Er oder auch sie beharren auf Ihrer Meinung und nur Ihr Tun ist das Richtige. Sie zeigen einem immer sehr deutlich, dass nur Ihre Überzeugungen zählen. Sie sind dabei sehr dominant. Eine sachliche, faire Diskussion ist mit ihnen nicht möglich!

Ein Energievampir ist immer auch ein Egomane! Er kann stundenlang von sich schwadronieren, ohne Punkt und Komma. Beansprucht ein Anderer die Aufmerksamkeit für sich, so lenkt der Energievampir gekonnt das Augenmerk wieder auf sich oder er zeigt unverhohlenes Desinteresse an dem Gesagten des Anderen.

Er weiß genau, wie er bei seinem Gegenüber ein schlechtes Gewissen erzeugen kann und arbeitet gerne mit emotionalem Druck.

In seinem oder Ihrem Leben gibt es keine Freude. Sie sind die geborenen Pessimisten, bei ihnen ist das Glas immer halb leer. Scheint einmal die Sonne, so ist es ihnen gleich viel zu heiß. Bei Regen ist es ihnen natürlich zu nass und ungemütlich und bei Schnee ist es ihnen viel zu kalt. Sie zeichnen sich dadurch aus, dass sie immer etwas zu kritisieren, zu meckern oder zu jammern haben.

Bei ihnen ist nehmen seliger als geben. Sie fragen häufig nach Gefälligkeiten, bieten jedoch von sich aus niemals Ihre Hilfe an. Von Selbstzweifeln geplagte Menschen sind ein gefundenes Fressen für diese Räuber.

Anhand von diesen Charakteristika können Sie einen Energievampir klar erkennen. Grundsätzlich kann man sagen, dass es sich immer lohnt, die Menschen in Ihrem Umfeld einmal genau zu durchleuchten. Fühlen Sie sich wohl in deren Gegenwart oder fühlen Sie sich nach einem Treffen kaputt, erschöpft und ausgezehrt, so meiden Sie diesen Menschen zukünftig.

Können oder wollen Sie das nicht, so nehmen Sie zu Ihrem nächsten Treffen eine Begleitperson mit. In der Gruppe kann der Energievampir meist nicht direkt Ihre Energiereserven angreifen.

Schützen Sie sich vor einem Treffen mit einem Energievampir! Rufen Sie sich ins Gedächtnis, dass Sie sich heute nicht von ihm aussaugen, kränken, beleidigen oder verärgern lassen! Hüllen Sie sich in Gedanken in einen unsichtbaren Kokon, der Sie schützt und für seine Attacken unempfindlich macht.

Sie können sich auch ein Mantra zurechtlegen, das sie sich immer wieder sagen. Das könnte in etwa so aussehen: Ich bin eine wertvolle Person, ich habe Liebe, Gelassenheit und Nachsicht bei mir und werde mich ganz auf mich konzentrieren.

Natürlich können Sie auch andere Worte wählen,

jedoch wird Ihnen dieses Mantra helfen, ruhig und gelassen zu bleiben und Sie werden sich nicht vom Energievampir bedrängen lassen.

Haben Sie nun ein Treffen mit solch einer räuberischen Person hinter sich gebracht, so schütteln Sie sich danach einmal kräftig durch! So, wie es die Hunde oder Pferde tun. Schütteln Sie all die negativen Emotionen und Eindrücke einfach ab.

Wenn Sie regelmäßig mit einem Energievampir zu tun haben, so sollten Sie sich wirklich überlegen, ob Sie diesen Menschen länger in Ihrem Leben haben möchten. Schenken Sie Ihre Aufmerksamkeit lieber den Personen in Ihrem Umfeld die Sie nicht auslaugen und Ihnen eher Energien zurückgeben, anstatt Sie Ihnen zu nehmen!

Doch, auch alltägliche Verrichtungen können uns Energie rauben und so schlecht für unser Charisma sein. Denken Sie einmal etwa an Ihre Kinder. Sie sagen schon tagelang, sie sollen dies oder jenes wegräumen, endlich ihre Zimmer sauber machen. Die Sprösslinge denken jedoch nicht im Traum daran! Das ärgert Sie sicherlich und so wird Ihnen die

Energie entzogen.

Sehen Sie sich Ihr Leben einmal als Beobachter an. Identifizieren Sie allen Energieräuber und überlegen Sie sich, wie Sie dagegen vorgehen können. Haben Sie alle Energie zehrenden Umstände identifiziert und für Abhilfe gesorgt, so werden Sie merken, wie Sie nach und nach wieder mehr Energie bekommen. Sie werden dynamischer, vitaler und zufriedener werden. Fangen Sie gleich an und spüren Sie die Energieräuber auf und machen Sie diese unschädlich!

Optimismus

„Ein Optimist ist ein Mensch, der

die Dinge nicht so tragisch nimmt,

wie sie sind." (Karl Valentin)

Sind Sie ein Optimist? Dass das Leben gut zu

Ihnen ist? Denken Sie von sich, dass Sie ein positiv denkender Mensch sind? Sehen Sie eher die Vorteile als die Nachteile bei einer Sache? Erwarten Sie auch in eher schlechten Zeiten nur Gutes? Denken Sie bei jeder neuen Herausforderung, dass Sie das meistern werden?

Dann, Glückwunsch! Sie sind durch und durch ein Optimist!

Wenn es aber nicht so ist, wenn Sie ein Pessimist sind, der immer nur vom Schlechten oder negativen ausgeht, dann sind Sie in reicher Gesellschaft- denn, die meisten Menschen gehen als Pessimisten durchs Leben! Das ist auch die einfachste Art, sich vor unliebsamen Überraschungen zu schützen. Denn, die Welt da draußen ist grausam und ungerecht! Wenn man nun immer vom Schlechtesten ausgeht, dann ist man nicht so sehr enttäuscht, wenn es dann wirklich negativ ausgeht. Pessimismus ist also eine Art Schutzmechanismus. Er soll uns vor zu hohen Erwartungen und nachfolgenden Enttäuschungen schützen. Auch erlaubt uns der Pessimismus, auf unschöne Situationen bereits im Vorfeld zu reagieren.

Denn, weil wir ja vom Schlimmsten ausgehen, sind wir dafür natürlich auch schon gerüstet. Uns kann nichts kalt erwischen! Denn, wir Pessimisten sehen die Welt nicht durch eine rosarote Brille, mit der man Gefahr läuft, irgendwann einmal ganz gehörig gegen die Wand zu rennen.

Ist das vielleicht Ihre Sicht auf die Dinge? Erkennen Sie sich darin wieder? Wenn die Antwort ja ist, dann überdenken Sie Ihre Sichtweise auf die Welt bitte ganz schnell!

Viele wissenschaftliche Studien bestätigen es: Wir sind nicht die geborenen Pessimisten! Es lebt sich für einen Menschen viel schöner, wenn er das Positive sehen und wahrnehmen kann. Es erfüllt uns viel mehr, wenn wir nicht als Griesgram durch die Welt laufen. Und nicht nur unserer Psyche schadet das übermächtige Negative, sondern es können sich körperliche Beschwerden daraus ergeben, mit teils ernsten Verläufen.

Pessimisten fühlen sich eigentlich nie gut. Sie konzentrieren sich nur auf das Negative, also widerfährt ihnen meistens auch nur negatives. Sie trauen sich nichts zu und das erreichen sie meistens auch. Ihr Körper ist in ständiger Anspannung und Alarmbereitschaft, deshalb sind sie häufiger krank. Diese Menschen werden es im Leben zu nichts bringen, da sie keine neuen Herausforderungen eingehen und sich so nicht weiterentwickeln können. Im Ernstfall verlieren Pessimisten schnell die Hoffnung, da in ihrer Welt das Negative ein fester Bestandteil ist. Pessimisten beißen sich nicht an Problemen fest und versuchen sie zu lösen. Lieber werfen sie bei den kleinsten Hindernissen die Flinte ins Korn und ziehen sich zurück. Auch haben sie Probleme eine feste Beziehung einzugehen. Da jeder Mitmensch ein potentieller Feind ist, der den Pessimisten ja nur hintergehen und betrügen möchte, lässt er sich erst gar nicht auf enge Beziehungen ein. Der Pessimist ist ein zutiefst verbitterter, meist sehr einsamer Mensch, der die Welt als ganz furchtbaren Ort sieht.

Wie werde ich zum Optimisten?

„Für den Optimisten ist das Leben kein Problem, sondern bereits die Lösung.“ (Marcel Pagnol)

Wie werden Sie nun zum Optimisten? Reicht es, wenn Sie ab sofort nur noch positiv denkend durch die Gegend laufen und Ihre Lebensfreude jedem ins Gesicht schreien?

Das wäre sehr schön, doch ganz so leicht ist es nicht. Es geht nicht nur um positives Denken, sondern um angemessenes, gesundes Denken und eben dieselbe Einstellung. Stellen Sie sich folgendes Szenario vor: Sie haben gerade Ihre Scheidungspapiere unterzeichnet, Ihr Partner war die große Liebe Ihres Lebens! Eigentlich kein Grund, um fröhlich oder positiv gestimmt zu sein. Doch, da Sie ja ein Optimist sein wollen müssen Sie diese Begebenheit ja positiv sehen.

Sie sind gerade etwas irritiert? Das glaube ich! Dieses Beispiel soll Ihnen verdeutlichen, was gemeint ist, wenn von gesundem, angemessenem Denken geredet wird. Was können Sie also tun, um mehr Optimismus zu bekommen?

Die erste Regel heißt: Hören Sie auf, sich um alles Gedanken zu machen! Grübeln Sie nicht länger! Wenn Sie Ihre Gedanken nur noch um Sorgen und Nöte kreisen lassen, dann gestatten Sie ihnen nicht zur Ruhe zu kommen und zu verarbeiten. Geben Sie den Sorgen keinen Raum! Konzentrieren Sie sich nicht so sehr auf Misserfolg und Versagen, denn dann wird genau das Eintreten!

Hören Sie auf, nach dem Streben nach Perfektion, denn, keiner, wirklich keiner, ist perfekt! Jeder Mensch hat eine (oder mehrere) Schwächen! Stehen Sie zu Ihren, nehmen Sie sich so an, wie Sie sind. Werfen Sie die Dinge ab, die Sie blockieren, auch wenn sie bereits in Ihrer Kindheit entstanden sind.

Unser Gehirn kann ein Leben lang lernen und auf neue Situationen und Reize in immer anderer Art reagieren. Nutzen Sie diesen Umstand für sich! Programmieren Sie das Negative um in ein Positives! Das geschieht sicher nicht von heute auf morgen, doch, bleiben Sie am Ball! Lassen Sie sich von kleinen Misserfolgen nicht entmutigen und zeigen Sie Ausdauer!

Bilden Sie sich Ihre eigene Meinung (zu allem, nicht nur über Menschen), lassen Sie sich nicht von anderen Menschen beeinflussen!

Die zweite Regel besagt, dass Sie alles realistisch sehen sollten. Werden Sie also, bevor Sie zum Optimisten werden, erst einmal ein Realist! Schätzen Sie Ihre Stärken realistisch ein und handeln Sie nach diesem Grundsatz. Ein Beispiel: Sie sollen auf der Jahresversammlung Ihres Sportvereins eine Rede halten. Der Pessimist würde in etwa so denken: „ Warum soll ich das denn machen? Liebe Güte, das wird total nach hinten los gehen! Ich kann so etwas nicht! „ Der Optimist denkt vielleicht so: „Super! Da kann ich endlich mal richtig loslegen und ein paar kleine Anekdoten zum Besten geben! Die werden sich wundern, wie ich da oben abgehe!“ Und der Realist könnte etwa folgende Gedanken haben: „Find´ ich echt klasse, dass sie mich gewählt haben! Ob die Rede ein Erfolg wird werden wir sehen, doch, ich werde mich nach Leibeskräften darum bemühen.“

Anhand dieser Gedankengänge können Sie ganz klar differenzieren, was Realismus, Optimismus und Pessimismus ist. Orientieren Sie sich immer an den Gedanken des Realisten, dann sind Sie schon ein ganzes Stück weiter auf dem Weg zum Optimisten!

Der dritte Rat auf dem Weg zu mehr Optimismus ist, dass Sie andere Erklärungen finden sollten. Ein Beispiel: Der Pessimist verhaut seine Prüfung. Er denkt: „Das war ja klar, dass ich das nicht schaffe. Ich bin einfach unfähig und nichts wert. „Der Optimist denkt: „Das waren aber wirklich doofe Fragen! Da hatte ich wirklich Pech dieses Mal. Bei der nächsten Prüfung werde ich bestehen!“

Suchen Sie also die Gründe für ein Scheitern nicht

in Ihrer Person! Schauen Sie sich nach einer alternativen Erklärung für Ihr Scheitern um!

Das nächste, was Sie weiterbringt zu mehr Optimismus ist, dass Sie sich nicht mehr so sehr aufs Jammern und Klagen konzentrieren sollen. Sehen Sie nicht überall nur das Negative, sondern fokussieren Sie Ihre Gedanken lieber auf positive Geschehnisse! Überlegen Sie ganz bewusst, was in letzter Zeit gut bei Ihnen gelaufen ist, was haben Sie gut geschafft?

Ganz schlimm ist es, wenn Sie mit solch einer jammernden, klagenden Person zusammen sein müssen (etwa Ihr Arbeitskollege). Wenn Sie beide so gestrickt sind, dann ziehen Sie sich immer wieder gegenseitig runter. Stoppen Sie diese Abwärtsspirale, indem Sie dieses Negativmuster durchbrechen! Fragen Sie den Anderen ganz bewusst nach dem, was Positives in seinem Leben gelaufen ist. Was kann er Erfreuliches berichten? Setzen Sie ein klares Zeichen und geben Sie ihm (oder ihr) so zu verstehen, dass Sie genug von Jammern und Klagen haben.

Die 5. Regel besagt, dass es hilfreich sein kann, wenn Sie ein Tagebuch führen. Ein Tagebuch, in welchem Sie alles notieren, was positiv am Tag war. Schreiben Sie auf, für was Sie dankbar sind. Sie sollten pro Tag mindestens 3 positive Einträge machen. Es genügen bereits ganz banale Dinge wie der schöne Sonnenschein oder die Gesundheit. Aber, auch schöne Erlebnisse sollten Sie darin festhalten.

Sie können auch Fragen beantworten, wenn Sie vielleicht nicht so gerne schreiben. Stellen Sie sich Fragen wie: Was läuft gut bei mir? Was konnte ich schon alles für Erfolge verbuchen? Worauf bin ich besonders stolz? Beantworten Sie fragen, welche Ihren Fokus auf das Positive lenken und werden Sie sich so bewusst, wie viel Gutes und Schönes doch in Ihrem Leben ist!

Die 6. und letzte Regel sagt, dass Sie sich bewusst werden sollen, was es alles Positives um Sie herumgibt. Sie können diese Übung immer und überall durchführen. Schauen Sie sich mit offenen Augen um. Was können Sie Schönes in dem Raum entdecken, in dem Sie gerade sind? Sehen Sie vielleicht besonders schöne Gardinen oder Tapeten?

Was finden Sie an Ihrem Gegenüber gut? Auch wenn Sie die Person vielleicht nicht mögen, versuchen Sie, die Frage ganz ehrlich zu beantworten. Hat die Person etwa einen besonders sicheren Style? Oder hat sie extreme Zielstrebigkeit? Suchen Sie nach einer kleinen, positiven Eigenschaft bei Ihrem Gegenüber.

Finden Sie auch im Negativen das Positive! Im ersten Moment hört sich das vielleicht etwas skurril für Sie an, doch ich beschreibe es an einem Beispiel: Sie verlieren Ihre Arbeit. Bestimmt kein Anlass zur Freude! Andere Menschen bekommen dieses Ereignis natürlich mit und bemühen sich nun, Ihnen zu helfen, auf dem schnellsten Weg eine neue Anstellung zu finden. Sie erfahren also ungeheure Unterstützung! Das ist doch ein positiver Umstand! Und der findet in einer eigentlich negativen Begebenheit statt!

Diese kleinen Tricks und Übungen sollen Ihnen helfen, wieder mehr Freude am Leben zu empfinden!

Halten Sie sich daran und lassen Sie sich von Rückschlägen nicht aus der Bahn werfen! Sie werden sicherlich noch etliche Male in alte Verhaltensmuster oder Denkweisen verfallen, doch, halten Sie durch! Es wird sich für Sie lohnen, denn bald können Sie bemerken, wie Ihr Leben wieder bunter und facettenreicher wird und Sie optimistischer in die Zukunft blicken können!

6. DIE INNEREN SCHÄTZE

„Nicht jeder Schatz besteht aus Silber und Gold.“ (Jack Sparrow)

Im Leben läuft nicht immer alles nach Plan. Nicht einmal bei den Reichen, Schönen und Einflussreichen. Rückschläge und unschöne Momente gibt es in jedem Leben. Doch, meistens wollen wir uns an sie nicht zurückerinnern. Wir möchten die schönen Momente und die Erfolge wieder durchleben und sie mit anderen teilen. Doch, schwierige Zeiten haben durchaus eine Daseinsberechtigung! Denn nur in diesen besonderen Situationen, in welchen man dann bestimmte Fähigkeiten oder innere Überzeugungen benötigt, können sich diese Fähigkeiten auch ausbilden. Oder sie bilden sich nicht aus, da man sie ja bereits in sich trägt!

Schwierige Zeiten unbeschadet zu überstehen zeugt von Disziplin und Durchhaltevermögen! Aber man sollte bereit sein, diese Zeiten hinter sich zu lassen und abzuhaken. Entscheiden Sie sich heute dafür, Ihre Vergangenheit loszulassen und so Ihre inneren Schätze frei zu legen.

Jeder von uns trägt seine inneren Schätze bereits in sich. Nur haben viele Menschen im Laufe ihres, durch Erziehung und Prägung gekennzeichnetes Lebens, verlernt, in Kontakt dazu zu kommen.

Viele Menschen sind mit Zweifeln belegt, reden sich klein. Sie sagen Dinge wie: „Ich habe gar kein Selbstbewusstsein!“ Richtig müsste es jedoch heißen (da in jedem von uns das Selbstbewusstsein ja bereits vorhanden ist): „Ich spüre kein Selbstwertgefühl, habe keinen Kontakt zu mir (meinem Inneren).“

Wir haben ja bereits erörtert, was es mit der frühkindlichen Prägung und Erziehung durch uns nahestehende Personen auf sich hat. Genau hier knüpfen wir wieder an. In unserer Entwicklung zu einem positiven Menschen ist alles richtig gelaufen. Wir sind zu Persönlichkeiten herangereift und sind uns unseres Wertes bewusst. Unsere innere Schatzkammer ist also reich gefüllt. Diese Schatzkammer gehört nur uns, niemand kann sie uns wieder nehmen! Nur wir persönlich haben Zugriff auf diesen großen Schatz in uns. Dies gibt uns Urvertrauen zu uns selbst. Egal wie hoch die Wellen des Lebens über uns zusammenschlagen, wir schaffen jeden Sturm!

Damit wird diesen unerschütterlichen Glauben in uns erlangen, kann es hilfreich sein, wenn wir Dinge hören wie: „Ich liebe dich um deiner Willen“, „ich nehme dich ernst, mache Fehler und lerne daraus“, „sei wie du bist“ oder ähnliches. Wenn unsere Angehörigen uns diese Dinge immer wieder vermitteln, stärken und prägen sie unsere Sich auf uns selbst. Tun sie dies jedoch nicht, dann bleibt die innere Schatzkammer leer, der Mensch lässt sich von den Vorstellungen seines Egos lenken. Dies wird sich in einer schlechten Sicht von sich selbst äußern. Er lernt ja, dass Liebe und Zuneigung immer an Bedingungen geknüpft sind. So müht er sich tagtäglich ab, um seine Schatzkammer zu füllen, doch mehr als ein oberflächliches Selbstbild bekommt er nicht hin. Das oberflächliche Selbstbild ist an äußere Bedingungen geknüpft und unterliegt dadurch starken Schwankungen.

Wie ist es um Ihr Selbstwertgefühl bestellt? Ist Ihre persönliche Schatzkammer reich gefüllt? Testen Sie sich! Wie sehr entsprechen die folgenden Aussagen Ihrem Wesen? Geben Sie sich Punkte auf einer Skala von 0-100%.

1. Ich bin ein wertvoller Mensch um meinetwillen.

2. Ich muss niemandem etwas beweisen. Ich brauche nicht perfekt zu sein.

3. Fehler, die ich begehe werden nicht gewertet.

4. Ich kann tun, was immer ich gerade möchte.

5. Ich liebe mich um meinetwillen.

6. Ich bin für mich da, auch wenn es andere nicht sind.

7. Zu meinem Selbstschutz sage ich auch schon einmal „nein“.

8. Ich bin mir selbst die größte Stütze.

9. Ich habe Vertrauen in mich und habe keine Angst.

10. Ich bin stolz (auf mich, auf erreichtes...).

Halten Sie sich diese Aussagen immer vor Augen! Machen Sie sie zu Ihrem täglichen Mantra! Wiederholen Sie jeden Satz mindestens 1000-mal (das muss nicht an einem oder zwei Tagen geschehen), nur dann ist er in Ihrem Unterbewusstsein verankert.

Sperren Sie die kritische Stimme in Ihrem Kopf aus! Diese Stimme ist darauf programmiert, solche

Dinge, die Sie abwerten, zu sagen. Sie möchte die Zweifel in Ihnen säen und Sie so verunsichern. Wenn sich also wieder einmal Ihre innere Stimme nach einem Misserfolg meldet, dann gehen Sie ab sofort nach einem anderen Schema vor!

Distanzieren Sie sich von dieser Stimme. Stellen Sie sich vor, die Stimme sei ein Papagei. Schauen Sie diesen Papagei innerlich an. Nun stimmen Sie diesem Vogel zu. Versuchen Sie nicht, ihn zu bekämpfen! Sagen Sie ihm solche Dinge wie; „In deiner Welt mag das so sein, da ist sowieso nur alles programmiert!" Dann werden Sie der Anführer für diese neue Haltung! Sagen Sie ihm etwa: „Dennoch bin ich ein wertvoller Mensch! Ich darf Fehler machen, denn jeder macht einmal Fehler! Aus Fehlern kann man lernen und entwickelt sich weiter!"

Nun haben Sie eine Geheimwaffe! Immer, wenn Sie in dieser oder einer ähnlichen Situation stecken, können Sie so dieses negative Muster durchbrechen und ziehen für sich das Beste daraus!

Emotionale Intelligenz (EQ)

„Intelligenz ist die Fähigkeit, seine Umgebung zu akzeptieren.“
(William Faulkner)

Seit dem Jahre 1990 gibt es neben dem IQ auch einen EQ. Mit dem EQ werden aber keine Dinge wie mathematisches Können oder räumliches Denken oder dergleichen bezeichnet, sondern die Fähigkeit, wie man mit seinen und den Empfindungen der Anderen umgeht. Goethe nannte es beispielsweise die Herzensbildung. Ein emotionaler Intelligenzquotient ist immer dann von Vorteil, wenn man in direktem Kontakt mit seinen Mitmenschen steht.

Menschen mit viel EQ lassen sich daran erkennen, dass sie meist ein sehr realistisches Bild von sich im Kopf haben. Sie kennen ihre Stärken und Schwächen und gehen selbstbewusst durchs Leben. Sie können ihre Gefühle leichter beeinflussen und steuern. Sie sind ihnen nicht hilflos ausgeliefert. Sie können sich immer wieder zu Höchstleistungen anspornen und sind nicht gleich frustriert, wenn etwas nicht klappt. Menschen mit hohem EQ können sich in andere Menschen hineinversetzen. Sie können mitfühlen und deren Gedanken und Empfindungen miterleben. Sie besitzen ein hohes Maß an Empathie.

Diese Menschen finden sehr schnell Kontakt zu den Menschen um sie herum. Auch fällt es ihnen leichter, eine feste, harmonische Partnerschaft zu führen. Personen mit einem hohen EQ können sehr gut zuhören. Sie gehen auf ihr Gegenüber ein und nehmen es ernst. Sie verfügen über eine gute Rhetorik und sind als Zuhörer sehr gefragt.

Wie erkenne ich meine persönlichen Stärken?

„Eine gute Schwäche ist besser als eine schlechte Stärke." (Charles Aznavour)

Um sich seiner persönlichen Stärken bewusst zu werden, hat es sich als hilfreich erwiesen, wenn man folgende 10 Fragen beantwortet.

1. Welche Aktivitäten oder Aufgaben erledigen Sie im Schlaf, voll automatisch, ohne darüber nachzudenken?

2. Welche Arbeit oder Aufgabe gibt ihnen Energie? Was tun Sie besonders gerne?

3. Bei welcher Aufgabe oder Aktivität erreichen Sie Ergebnisse scheinbar ohne Anstrengung?

4. Wann fühlen Sie sich besonders authentisch? Bei welcher Aktivität fühlen Sie sich „echt“?

5. Was ist Ihnen schon immer leichtgefallen, zu lernen? Welche Dinge lernen Sie schnell?

6. Was finden Sie spannend und interessant? Welche Themen verfolgen Sie?

7. Was taten Sie bereits als Kind sehr gerne? Was konnten Sie immer schon gut?

8. Wann bemerkt man in Ihrer Stimme Leidenschaft? Wofür können Sie sich begeistern?

9. Wann benutzen Sie Superlative? Wann sagen Sie, etwas ist super oder toll?

10. Welche Aufgaben und Aktivitäten lassen Sie die Zeit vergessen? Was erledigen Sie immer sofort?

Anhand Ihrer Antworten können Sie nun Ihre Stärken und Schwächen identifizieren. Oftmals ergibt sich daraus, dass vermeintliche Schwächen eigentlich Stärken sind. Ein Beispiel: Eine Person gibt als Schwäche Pedanterie an. Doch, ist das denn eine Schwäche? Pedantische Menschen neigen ja dazu, besonders kleinlich und pingelich zu sein. Ist das aber eine Schwäche? Wenn man seine Arbeiten immer wieder kontrolliert und strukturiert arbeitet? Entscheiden Sie selbst!

Hören Sie auf Ihr Herz!

„Die Vernunft ist des Herzens größte Feindin." (Ciacomo Casanova)

Es gibt Menschen, die hören auf ihren Verstand und Menschen, die hören auf ihr Herz. Die Verstandesmenschen empfinden Herzmenschen oft als verrückt und fühlen sich persönlich von ihnen angegriffen. Sie können mit der unbeschwerten, leichten Art der Herzmenschen nicht umgehen, können diese einfach nicht verstehen. Umgekehrt jedoch fällt es den Herzmenschen sehr einfach, einen Verstandesmenschen zu verstehen und sich in ihn hinein zu versetzen.

Vertsandesmenschen meinen, sie sind anderen gegenüber immer im Recht. Gerne erfinden diese Menschen auch Geschichten, wenn sie nicht mehr weiterwissen und sich in Erklärungsnot befinden. Nicht selten ähneln diese Geschichten und Märchen schon einer Paranoia, durch die sich diese Personen selbst verrückt machen.

Um den Herzweg zu gehen, sollten Sie mehr auf Ihr Gefühl hören! Achten Sie bewusst darauf und lassen Sie sich nicht von konditionierten Gedanken leiten. Öffnen Sie Ihr Herz- auch und gerade wenn es schmerzt! Lösen Sie das, was Sie blockiert! Hören Sie in sich hinein und befreien Sie sich von unnötigem Ballast. Dies können Sie etwa durch Yoga, Meditation, Chakrenreinigung oder durch einfache Dankgebete erreichen.

Leben Sie im Hier und Jetzt! Es bringt Sie nicht weiter, wenn Sie ewig dem Gestern nachweinen! Lösen Sie sich von solchen Gedanken, werden Sie sich der Kraft bewusst, welche in Ihnen wohnt. Nutzen Sie diese Kraft und finden Sie heraus, welche Herzensziele Sie haben! Machen Sie sich auf den Weg um diese Ziele zu realisieren und hören Sie dabei nicht auf Ihren Verstand! Gehen Sie Ihren Weg beständig, ohne davon abzukommen.

Ruhe und Ausgeglichenheit

„Nur ein Mensch von höchster und glücklichster geistiger Ausgeglichenheit versteht es, auf eine Weise fröhlich zu sein, die ansteckend wirkt, das heißt unwiderstehlich und gutmütig.“
(Fjodor M. Dostojewski)

Stress kennt jeder. Der Eine mehr, der Andere weniger. Stress kann viele Ursachen haben, etwa der Job, die Kinder, Haustiere, Termine... die Liste wäre unendlich lang. Doch, gerade der emotionale Stress plagt uns Menschen wirklich sehr. Wenn auch Sie zu den emotional gestressten Menschen gehören, so sollten Sie unbedingt für Entschleunigung sorgen, denn sonst kann der Stress auch schnell körperliche Formen annehmen und Ihre Gesundheit nachhaltig schädigen.

Wenn der emotionale Stress einmal wieder überhandnimmt, so planen Sie sich ganz gezielt Pausen in Ihren Alltag ein. Gehen Sie eine Runde im Wald oder im Park spazieren und saugen Sie die Ruhe und Energie, der dieser Ort ausstrahlt, in sich auf und laden Sie Ihre Batterien mit neuer Energie!

Ernähren Sie sich immer ausgewogen! Falls Sie in Zeiten des Stresses einmal einen schnellen Energiekick brauchen, so greifen Sie gerne zu Nüssen, Bananen, Hülsenfrüchten oder Fisch. Diese Lebensmittel wirken sich positiv auf Ihr Nervenkostüm aus und geben Ihnen neue Energie! Um mehr Ausgeglichenheit im Alltag zu erreichen, setzen Sie sich Prioritäten. Wir Menschen, besonders die Frauen, rühmen sich ja immer damit, multitaskingfähig zu sein. Wir wünschen uns, Zeit zu sparen, wenn wir mehrere Dinge parallel erledigen. Doch, dies erweist sich als falscher Ansatzpunkt, denn meist erreichen wir so nur das Gegenteil - am Ende des Tages haben wir uns so verzettelt, dass wir meist gar nichts geschafft haben. Dies erhöht dann unseren Stresslevel ganz gewaltig!

Durchbrechen Sie nun diese Muster! Machen Sie sich jeden Morgen nach dem Aufstehen Gedanken, was Sie wann erledigen wollen. Schreiben Sie die Punkte Ihrer Priorität folgend, auf einen Zettel und arbeiten Sie diesen ganz strukturiert ab. Streichen Sie erledigtes von der Liste, so dass am Abend kein Punkt mehr offen ist.

Zugleich können Sie auch Yoga, Meditationen oder autogenes Training machen- eben alles, von dem Sie denken, dass es Sie entspannt.

Finden Sie Aktivitäten, welche Ihnen Spaß machen und schaffen Sie sich so einen Ausgleich zum (stressigen) Alltag!

Werden Sie der Regisseur Ihres Lebens!

„Cause life is a lesson, you learn it when you´re through.“ (Limp Bizkit)

Sie haben es in der Hand! Möchten Sie weiterhin

nur am Rand stehen und zusehen, wie Ihr Leben so dahin dümpelt? Wollen Sie der Zuschauer in Ihrem persönlichen Lebensfilm sein? Denken Sie, dass Ihr Leben eigentlich nicht so verläuft, wie Sie sich das vorgestellt haben?

Dann handeln Sie! Nehmen Sie die Zügel Ihres Lebens wieder fest in die Hände und übernehmen Sie wieder die Regie in Ihrem Lebensfilm! Hier erfahren Sie, wie Sie das erreichen!

Bei allem, was Sie tun- seien Sie immer positiv! Sie müssen nicht etwas tun, Sie dürfen. Seien Sie sich stets bewusst, dass alles, was Sie aussenden unweigerlich zu Ihnen zurückkommt.

Übernehmen Sie die volle Verantwortung für Ihr Leben! Stehen Sie für die guten, aber auch für die schlechten Dinge in Ihrem Leben voll ein! Nur wenn Sie sich vollständig so lieben und akzeptieren, wie Sie sind, können Sie Verantwortung für sich und Ihr Leben übernehmen!

Überprüfen Sie Ihre Ausstrahlung! Gerade wenn Sie in Zukunft das Positive in Ihrem Leben haben möchten, müssen Sie auch eine offene, souveräne, selbstbewusste Ausstrahlung an den Tag legen (siehe oben: „was wir ausstrahlen...“). Gerne können Sie Ihre Ausstrahlung an einem Spiegel üben.

Ändern Sie sich JETZT! Nur wenn Sie bereit zu Veränderungen sind, wird sich auch Ihre Welt, Ihr Leben verändern! Nur Sie haben die Macht, etwas zu bewirken und positiv zu verändern, also, tun Sie es! Nicht morgen, nicht nächste Woche, JETZT!!

Ein paar Worte zum Schluss

„Lachen können auch die Bösewichte, aber lächeln können nur die guten Menschen.“ (Pearl S. Buck)

Sie sehen, das Thema „Ausstrahlung“ ist schier unerschöpflich! Wir könnten noch ewig weiter schreiben und würden doch kein Ende finden.

Hier haben wir das Thema „Ausstrahlung“ ganz allgemein betrachtet, ohne zu tief zu dringen. Was aber allen Studien und Untersuchungen gleichermaßen zugrunde liegt ist, dass nur Sie Veränderungen hervorrufen können! Stärken Sie Ihr Selbstbewusstsein, sagen Sie „ja“ zu sich selbst, sagen Sie aber auch einmal „nein“ zu Anderen und für sich selbst, seien Sie immer für etwas- nie dagegen!

Stärken Sie Ihr inneres Leuchten und Sie werden

auch sehen, was dies für Auswirkungen beim anderen Geschlecht hervorruft! Doch, auch im Beruf wird man Sie als ganz neue Person wahrnehmen, wenn Sie sich Ihrer Stärken und Schwächen bewusst sind. Sie werden erfolgreicher werden, die Kollegen werden Sie mehr achten und respektieren.

Freuen Sie sich mit und für Andere! Lernen Sie, gönnen zu können ohne Neid zu verspüren. Befreien Sie sich von Ihren inneren Blockaden und starten Sie durch in Ihrem neuen, glücklichen Leben! Leben Sie, wie Sie es sich schon immer erträumt haben! Reißen Sie die Mauern nieder, die Sie seither daran gehindert haben!

Ich wünsche Ihnen viel Spaß bei der Durchführung der Tests und Übungen und viel Erfolg auf Ihrem Weg zu Ihrem wahren Leben! Leben Sie endlich los!

13384962R00099

Printed in Germany
by Amazon Distribution
GmbH, Leipzig